Gitarren-Skalen

MOLL-PENTATONIK-VERBINDUNGEN
FÜR SOLOGITARRE

Lerne, mit der pentatonischen Molltonleiter über das gesamte Griffbrett zu solieren

JOSEPH **ALEXANDER**

FUNDAMENTAL**CHANGES**

Gitarren-Skalen: Moll-Pentatonik-Verbindungen für Sologitarre

Lerne, mit der pentatonischen Molltonleiter über das gesamte Griffbrett zu solieren

ISBN: 978-1-78933-367-1

Veröffentlicht von **www.fundamental-changes.com**

Urheberrecht © 2020 Joseph Alexander

Herausgegeben von Tim Pettingale

Übersetzt von Daniel Friedrich für translatebooks.com

Das moralische Recht dieses Autors wurde geltend gemacht.

Alle Rechte vorbehalten. Kein Teil dieser Publikation darf ohne vorherige schriftliche Genehmigung des Herausgebers in irgendeiner Form oder mit irgendwelchen Mitteln vervielfältigt, in einem Abfragesystem gespeichert oder übertragen werden.

Der Herausgeber ist nicht verantwortlich für Websites (oder deren Inhalt), die nicht im Besitz des Herausgebers sind.

www.fundamental-changes.com

Über 11.000 Fans auf Facebook: **FundamentalChangesInGuitar**

Instagram: **FundamentalChanges**

Über 350 kostenlose Gitarrenlektionen mit Videos findest du unter

www.fundamental-changes.com

Titelbild Copyright: Shutterstock - rosarioscalia

Inhaltsübersicht

Einführung 5

Hol dir das Audio 7

Kapitel Eins - Moll-Pentatonik-Form 1 8

Kapitel Zwei - Moll-Pentatonik Form 2 16

Kapitel Drei - Moll-Pentatonik Form 3 23

Kapitel Vier - Moll-Pentatonik Form 4 29

Kapitel Fünf - Moll-Pentatonik Form 5 36

Sechstes Kapitel - Bewegung zwischen zwei Formen 42

Kapitel Sieben - Bewegung zwischen drei Formen 53

Kapitel Acht - Bewegung zwischen vier Formen 61

Kapitel Neun - Sich zwischen allen fünf Formen bewegen 67

Kapitel Zehn - Andere pentatonische Moll-Tonarten 71

Elftes Kapitel - Von der Moll- zur Dur-Pentatonik 74

Fazit, Übungstipps und weiteres Studium 78

Über den Autor

Joseph Alexander ist einer der produktivsten Autoren moderner Unterrichtsmethoden für die Gitarre.

Er hat über 600.000 Bücher verkauft, die eine ganze Generation von aufstrebenden Musikern unterrichtet und inspiriert haben. Sein unkomplizierter Unterrichtsstil basiert darauf, die Grenzen zwischen Theorie und Performance zu überwinden und Musik für alle zugänglich zu machen.

Ausgebildet am Londoner Guitar Institute und am Leeds College of Music, wo er einen Abschluss in Jazz Studies machte, hat Joseph Tausende von Schülern unterrichtet und über 40 Bücher über das Gitarrenspiel geschrieben.

Er ist der Geschäftsführer von *Fundamental Changes Ltd.* einem Verlag, dessen einziger Zweck darin besteht, Musikunterrichtsbücher von höchster Qualität zu erstellen und Autoren und Musikern hervorragende Tantiemen zu zahlen.

Fundamental Changes hat bereits über 120 Bücher für den Musikunterricht veröffentlicht und nimmt derzeit Bewerbungen von angehenden Autoren und Lehrern aller Instrumente entgegen. Kontaktieren Sie uns über webcontact@fundamental-changes.com, wenn Sie mit uns an einem Projekt arbeiten möchten.

Einführung

Wenn du dieses Buch in die Hand nimmst, weißt du wahrscheinlich schon, dass die pentatonische Molltonleiter ein wesentlicher Bestandteil der meisten Gitarrensolostile ist. Von ihrer frühen Verwendung in Blues und Jazz über Soul und Classic Rock bis hin zu moderneren Pop-, Funk- und Hardrock-Stilen - die Moll-Pentatonik bildet das Rückgrat des Gitarrenvokabulars, das mehr als ein Jahrhundert umfasst und Generationen von Musikern geprägt hat.

Vielleicht hast du bereits gelernt, eine oder zwei der pentatonischen Moll-Formen zu spielen, und festgestellt, dass du mit ein paar Bends und Slides schnell einen ziemlich coolen Sound erzeugen kannst. Aber diese in Boxen angeordneten Patterns sind nicht die ganze Geschichte, wenn es darum geht, die pentatonische Molltonleiter zu verwenden. Trotzdem verbringen viele Gitarristen Jahre damit, sich auf diese wenigen Box-Formen zu beschränken.

Es gibt *fünf* verschiedene Pentatonik-Boxen, die sich über den Hals erstrecken, und jede von ihnen eignet sich für verschiedene Arten von Licks. Das Wunderbare daran ist, dass sich diese Formen wie ein ineinandergreifendes Puzzle auf dem Gitarrenhals verbinden und der eigentliche Spaß beginnt, wenn man lernt, längere Linien zu spielen, die sich zwischen ihnen auf und ab bewegen.

Die meisten Gitarristen, die lernen, mit pentatonischen Tonleitern zu solieren, haben das Problem, dass sie im Allgemeinen nur die „horizontalen" Kastenformen lernen, die von der Basssaite bis zur hohen Saite über den Hals angeordnet sind. Natürlich kann man diesen fünf Formen ein großes Vokabular abtrotzen, aber die wahre Magie entsteht, wenn man beginnt, die Skalen *vertikal* über den Halses zu verwenden, vom ersten Bund bis nach oben.

Dieses Buch ist ein unmissverständlicher Leitfaden, wie man aus diesen Box-Forman ausbricht und sich den ganzen Hals für mehr Spaß am Solospiel erschließt.

Wir beginnen mit dem Erlernen und Festigen der Grundlagen des pentatonischen Solospiels. Du lernst die fünf Formen der pentatonischen Moll-Tonleiter der Reihe nach und meisterst dann einige Übungen für jede Form, so dass du sie flüssig spielen können wirst. Als Nächstes lernst du einige wichtige Licks und Vokabeln, die die Stärken und die üblicherweise verwendeten Noten jeder Form hervorheben.

Sobald du diese Licks anwenden und zu den exklusiven Backing-Tracks jammen kannst, zeige ich dir, wie du die fünf Formen der pentatonischen Moll-Tonleiter *vertikal* miteinander verbinden kannst. Ehe du dich versiehst, wirst du dich wie ein erfahrener Profi auf dem Hals auf und ab bewegen.

Das ist aber noch nicht alles...

Als ob das Beherrschen der Moll-Pentatonik-Skala über den gesamten Hals nicht schon genug wäre, zeige ich dir auch, wie du das alles auch mit der Dur-Pentatonik-Skala machen kannst, zusammen mit einem geheimen Trick, der dir hilft, in Sekundenschnelle von Moll- zu Dur-Pentatonik-Sounds zu wechseln.

Was brauchst du also, um loszulegen?

Nun, dies ist kein Buch für komplette Anfänger. Ich werde dir nicht zeigen, wie man die Gitarre hält, die Saiten anspielt oder gar einen Bend ausführt. Wenn du völlig neu im Solospiel bist, empfehle ich dir dringend, mein Buch *Bluesgitarren-Solo für Anfänger* zu lesen, bevor du hier einsteigst. Ich verspreche dir, du wirst mir später dankbar sein.

Dieses Buch ist eine hilfreiche, prägnante Kombination aus Vokabular, Technik und Griffbrettwissen, mit einem wohldosierten Maß an einfacher Theorie. Es wird dich von deinen ersten fehlerhaften Versuchen zur flüssigen Beherrschung der pentatonischen Tonleiter über den gesamten Gitarrenhals führen.

Schnapp dir deine Gitarre und lass uns eintauchen!

Hol dir das Audio

Die Audiodateien zu diesem Buch kannst du kostenlos von **www.fundamental-changes.com** herunterladen. Der Link befindet sich in der oberen rechten Ecke. Klicke auf den Link „Gitarre", wähle dann einfach diesen Buchtitel aus dem Dropdown-Menü aus und folge den Anweisungen, um die Audiodatei zu erhalten.

Wir empfehlen dir, die Dateien direkt auf deinen Computer (nicht auf dein Tablet) herunterzuladen und sie dort zu extrahieren, bevor du sie zu deiner Medienbibliothek hinzufügst. Du kannst sie dann auf dein Tablet oder deinen iPod laden oder auf CD brennen. Auf der Download-Seite findest du eine Anleitung und wir bieten auch technische Unterstützung über das Kontaktformular.

Über 350 kostenlose Gitarrenlektionen mit Videos findest du hier:

www.fundamental-changes.com

Über 11.000 Fans auf Facebook: **FundamentalChangesInGuitar**

Markiere uns zum Teilen auf Instagram: **FundamentalChanges**

Kapitel Eins - Moll-Pentatonik-Form 1

Wenn du schon einmal mit der Moll-Pentatonik in Berührung gekommen bist, hast du wahrscheinlich auch die in diesem Kapitel vorgestellte Form gelernt. Sie ist definitiv die am häufigsten von Gitarristen gespielte Tonleiterform, da sie leicht zu greifen ist und es nicht allzu schwierig ist, mit ihr schnell einige gut klingende Soli zu spielen.

Wenn du dir anschaust, wie die Tonleiter auf dem Griffbrett angeordnet ist, wird dir sofort klar, warum wir die Moll-Pentatonik oft als „Box" bezeichnen. Die Noten sind leicht einzuprägen, weil sie in einem schönen, geometrischen Muster auf dem Hals angeordnet sind.

In diesem Buch werden wir hauptsächlich in der Tonart G-Moll arbeiten, denn wenn wir die Noten der pentatonischen Molltonleiter in dieser Tonart über das Griffbrett ausdehnen, liegen sie gut auf dem Hals.

Die G-Moll-Pentatonik wird auf folgende Weise als Griffbrettdiagramm dargestellt. Die Saite auf der linken Seite ist die tiefe (Bass-)E-Saite und die Saite auf der rechten Seite ist die hohe E-Saite.

Die Punkte sind die Noten der Tonleiter, und wir spielen sie der Reihe nach, wie in der Tabulatur unten gezeigt.

Höre dir den Audiotrack an und lese die unten stehende Tabulatur mit, um zu hören, wie das Beispiel klingen sollte, bevor du es zu spielen lernst.

Beispiel 1a:

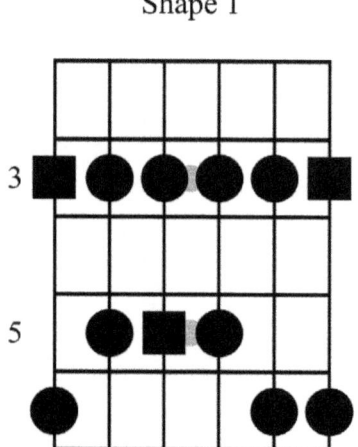

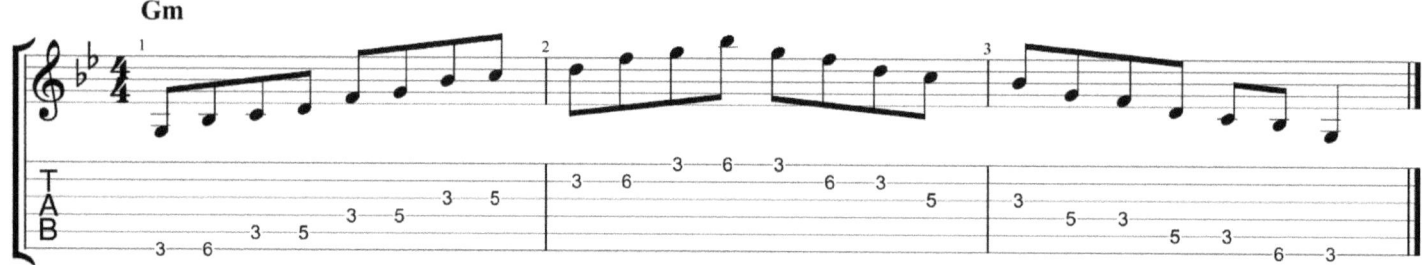

Moll-Pentatonik Form 1 Übungen

Als Nächstes möchte ich, dass du ein paar Übungen mit dieser Tonleiterform lernst, die dir helfen werden, dich mit ihrem Aufbau und Klang vertraut zu machen. Lerne sie zunächst langsam und spiele sie dann über den langsamen Backing Track in G.

Bei der ersten Übung werden drei Saiten aufwärts gespielt, dann wird eine Saite zurückgesprungen, bevor die Sequenz wiederholt wird, um die Tonleiter aufwärts zu spielen.

Beispiel 1b:

Bei der nächsten Übung werden drei Noten der Tonleiter aufwärts gespielt, dann wird eine Note zurückgesprungen, bevor die Sequenz wiederholt wird, um den Hals aufwärts zu spielen.

Beispiel 1c:

Diese Übung wird dir helfen, die Fähigkeit zu entwickeln, Muster auf dem Hals zu visualisieren. Beginne auf der fünften Saite (A) am 5. Bund und spiele die Tonleiter vier Noten abwärts, bevor du zur vierten Saite (D) springst und das Muster wiederholst. Dies ist eine großartige Sequenz, da du ein absteigendes Muster spielst, während du den Hals aufsteigst.

Beispiel 1d:

Kehren wir die vorherige Idee um und steigen wir vier Noten von der zweiten (B) Saite auf, bevor wir zur dritten (G) Saite hinunterspringen und die Sequenz wiederholen.

Beispiel 1e:

Schließlich gibt es noch eine Möglichkeit, interessante Rhythmen in diese Sequenzen einzubauen. Halte die erste Note einen ganzen Schlag lang und spiele die nächsten vier Noten der Skala in 1/8-Noten, bevor du eine Saite zurückspringst.

Beispiel 1f:

In jedem Kapitel gebe ich dir einige nützliche Muster und Übungen an die Hand, mit denen du die einzelnen Formen flüssig spielen kannst. Es geht einfach darum, dass du deine Finger in Bewegung bringst und dir die Formen einprägst. Wenn du nach weiteren Mustern und Übungen suchst, um deine Technik und deinen

Spielfluss zu verbessern, empfehle ich dir folgende Bücher:

Die ersten 100 Gitarrenübungen für Anfänger

Sicher auf dem Griffbrett

Die Gitarren Finger-Gym

und

Modernde Technik für E-Gitarre

Vergiss nicht, dass du die vorherigen fünf Muster sowohl auf- als auch absteigend spielen kannst. Du kannst sie auch umkehren und mit anderen Rhythmen spielen. Werde kreativ und tobe dich mit ihnen aus.

Nun bewege dich innerhalb der Form 1 der G-Moll-Pentatonik, lege den langsamen Backing Track auf und lasse deine Finger einfach eine Weile die Skalenform erkunden. Gib dir 10 Minuten Zeit, um zu sehen, wohin deine Finger dich führen. Füge Bends und Slides hinzu und versuche, kleine Phrasen oder Licks zu kreieren, die in deinen Ohren musikalisch klingen. Wenn du bereit bist, kehre zum Buch zurück und mache mit dem nächsten Abschnitt weiter.

Moll-Pentatonik Form 1 - Einfache Licks

Der nächste Schritt beim Erlernen der Tonleiter ist das Erlernen einiger Vokabeln (oder *Licks*, wie wir Gitarristen diese Phrasen gerne nennen). Hier gibt es nichts Bahnbrechendes - nur ein solides Vokabular im klassischen Rock-Stil, der dir einige der nützlichsten Bereiche der Tonleiter zeigt, die du verwenden kannst. Denke daran, dass es in diesem Buch eigentlich darum geht, sich auf die Verbindungen *zwischen* den Skalenformen zu konzentrieren und sich fließend über den Hals zu bewegen. Betrachte diese ersten fünf Kapitel als eine Art Grundkurs, um sicherzustellen, dass du auf dem Laufenden bist.

Die folgenden drei Licks verwenden Bends, Slides und Vibrato, um die Tonleiter lebendig werden zu lassen. Lerne sie einzeln und spiele sie dann zu dem langsamen Backing Track in G.

Beispiel 1g:

Beispiel 1h:

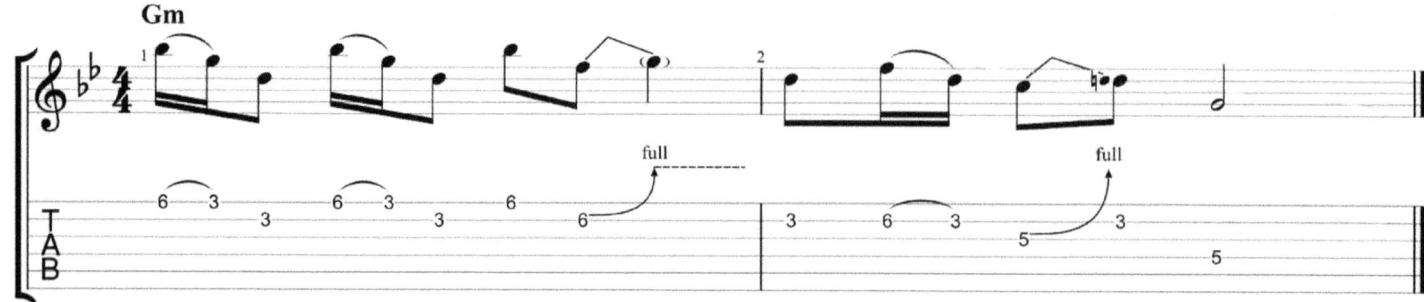

Beispiel 1i:

Beispiel 1j:

Beispiel 1k:

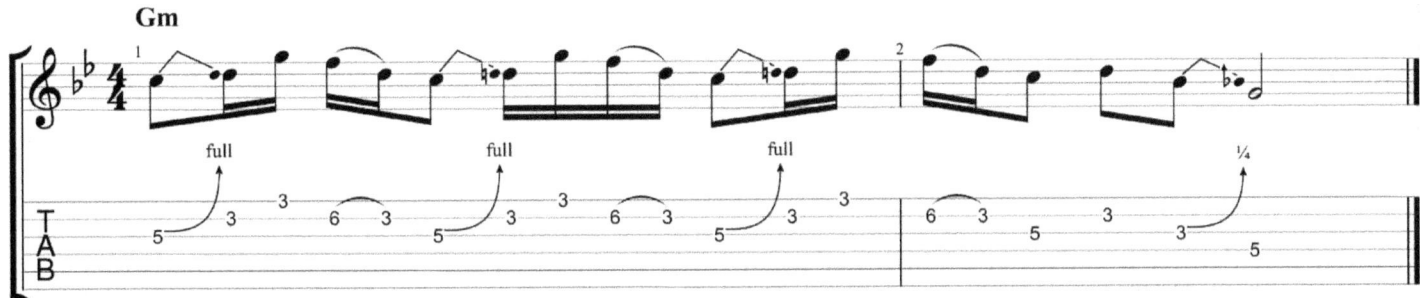

Spaß und Spiele mit Einzelsaiten

Großartig! Bis jetzt haben wir uns Form 1 der Moll-Pentatonik-Tonleiter eingeprägt, unsere Finger mit einigen nützlichen Patterns in Bewegung gebracht und fünf Licks gelernt, die ihre wichtigsten Bereiche für das Solospiel hervorheben.

In den letzten vier Beispielen dieses Kapitels möchte ich dich ein wenig auf das vorbereiten, was später kommt und wir werden die G-Moll-Pentatonik auf einer einzelnen Saite lernen.

Im folgenden Diagramm sind die Noten der soeben erlernten Form 1 grau dargestellt, und wenn du den Hals aufwärts spielst, sind die Noten schwarz eingefärbt. Ignoriere die Note F am ersten Bund vorerst, da du dich auf die Noten konzentrieren sollst, die auf dem Griffbrett aufsteigen. Ich habe sie als hohlen Punkt zu deiner Information hinzugefügt.

Beginne auf G und steige die Noten auf der ersten (hohen) E-Saite auf dem Griffbrett aufwärts, bis du keinen Platz mehr hast.

Achte auf die Lage des *Grundtons G/ der Tonika* am Hals. In der Musik ist die Tonika das „Zuhause" - das Zentrum unseres musikalischen Universums, wenn wir uns in dieser Tonart befinden. In der Tonart G-Dur oder G-Moll ist die Note G der Grundton/ die Tonika. In der Tonart Bb-Dur oder -Moll ist das Bb der Grundton usw.

Beachte, dass die *Oktave* (dieselbe Note, aber eine höhere Tonhöhe) der Note G am 15. Bund gespielt wird und sich dort das pentatonische Muster zu wiederholen beginnt.

Beispiel 1l:

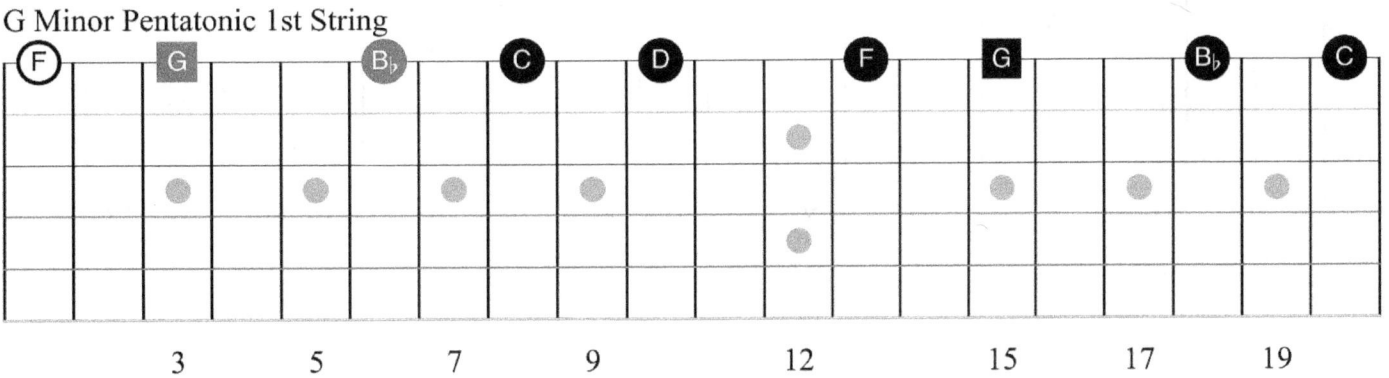

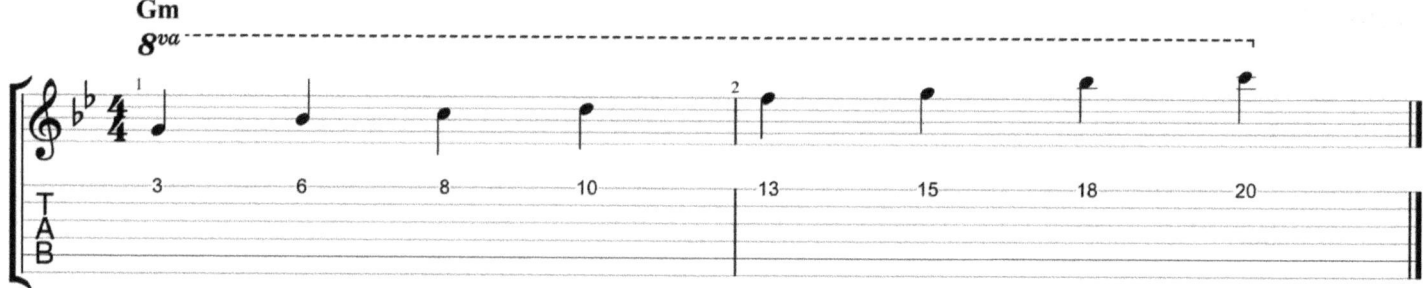

Spiele nun die Tonleiter von der höchsten zur tiefsten Note absteigend und achte dabei genau auf die Lage des Grundtons G.

Beispiel 1m:

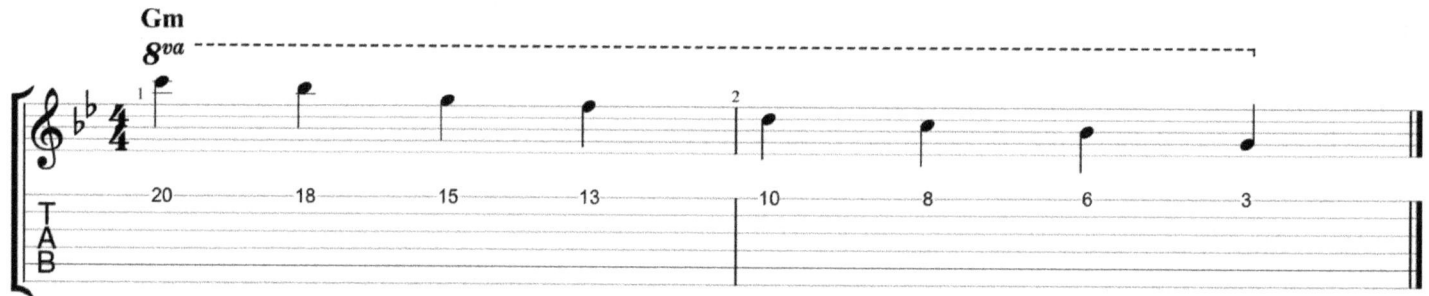

Wiederhole nun den Vorgang auf der zweiten (B-) Saite.

Achte auf die Lage des Grundtons G und spiele vom 3. bis zum 20. Bund (oder so hoch, wie du auf deiner Gitarre gehen kannst).

Beispiel 1n:

G Minor Pentatonic 2nd String

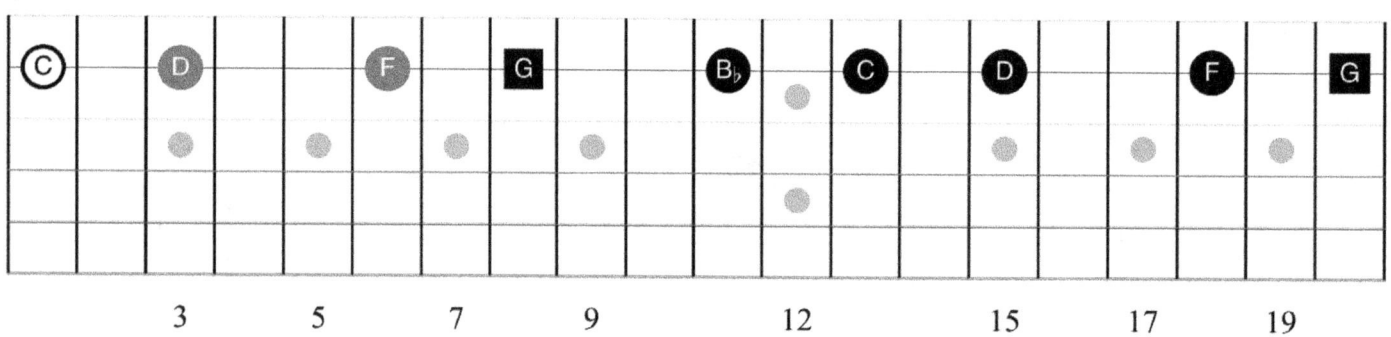

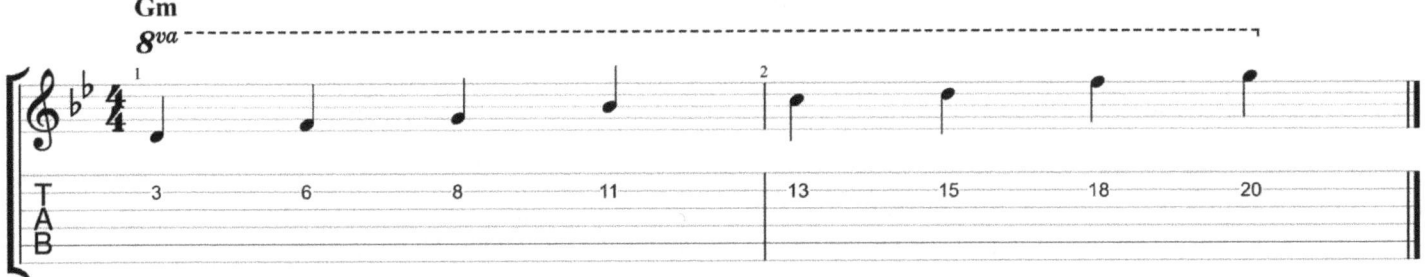

Wiederhole nun die Übung absteigend von G nach D.

Beispiel 1o:

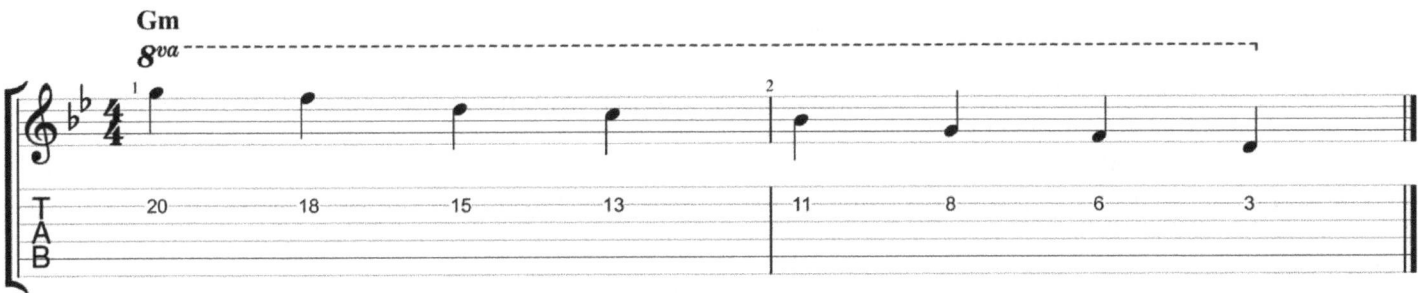

Zum Abschluss dieses Kapitels möchte ich, dass du den langsamen Backing Track in G-Moll auflegst und *nur* die Moll-Pentatonik-Noten *auf der ersten Saite* verwendest, um ein einfaches Solo zu spielen. Du wirst wahrscheinlich feststellen, dass du die meiste Zeit damit verbringst, den Hals zu erforschen, anstatt weltbewegende Licks zu kreieren - aber das ist erst einmal in Ordnung! Es macht auch nichts aus, wenn du erst einmal nur einen Finger benutzt - versuche einfach, eine Melodie zu spielen, ohne falsche Noten zu treffen.

Wenn du die G-Moll-Pentatonik auf der ersten Saite gut spielen kannst, wiederhole die Übung auf der zweiten Saite nach dem Muster in Beispiel 1n.

Das Spielen von Tonleitern entlang einer Saite ist nicht nur der erste Schritt zur Erschließung des Gitarrenhalses, sondern hilft dir auch, die Abstände zwischen den Noten zu erkennen. Wusstest du, dass zwischen den Noten Bb, C und D ein Muster von drei Ganztonschritten liegt? Das ist schwer zu erkennen, wenn du die Tonleiter in einer Box-Form spielst, wird aber sehr deutlich, wenn du sie den Hals auf und ab spielst.

Das Erlernen von Tonleitern auf diese Weise hilft dir, sie eher wie ein Klavierspieler zu sehen, und ist ein praktischer Weg, um ihren Aufbau zu verstehen und zu „fühlen".

Wenn du die Tonleiter auf jeder Saite einzeln erforscht hast, warum versuchst du nicht, sie zu kombinieren und zu sehen, wie sich dies auf deine Herangehensweise an das Moll-Pentatonik-Solo auswirkt?

Im nächsten Kapitel werden wir uns mit der Form 2 der G-Moll-Pentatonik vertraut machen. Legen wir los!

Kapitel Zwei - Moll-Pentatonik Form 2

In diesem Kapitel machen wir uns mit der zweiten Position der G-Moll-Pentatonik vertraut.

Es ist wichtig, darauf hinzuweisen, dass jede Form der pentatonischen Molltonleiter genau dieselben Noten enthält - sie beginnen nur an einem anderen Punkt. Wenn du dich durch die Formen nach oben bewegst, ist die Anfangsnote höher und, was noch wichtiger ist, die oberste Note der Skala ist höher.

In Form 1 war die tiefste Note das G (der Grundton) und die höchste Note das Bb.

In Form 2 ist die tiefste Note das Bb und die höchste Note das C.

Diese Form wird auch häufig verwendet, da die Töne auf den oberen drei Saiten sehr angenehm zu spielen sind und durch Bending einige wirklich gute Sounds entstehen.

Wenn du diese Skalenform lernst, achte auf die Lage der Grundtöne. Sie werden durch die quadratischen Markierungen angezeigt und sind sehr wichtig, wenn du dich mit dem Bereich vertraut machen willst. Wir lernen diese Skalenformen in der Tonart G, aber wenn du sie in einer anderen Tonart spielen willst, musst du wissen, wo die Grundtöne liegen, um die Formen an eine andere Stelle des Griffbretts zu verschieben.

Beginne damit, die Tonleiter in 1/8-Noten auf und ab zu spielen. Lerne sie zunächst isoliert, aber sobald du kannst, spiele sie im Takt des Backing Tracks. Höre dir genau an, wo die Grundtöne liegen.

Beispiel 2a:

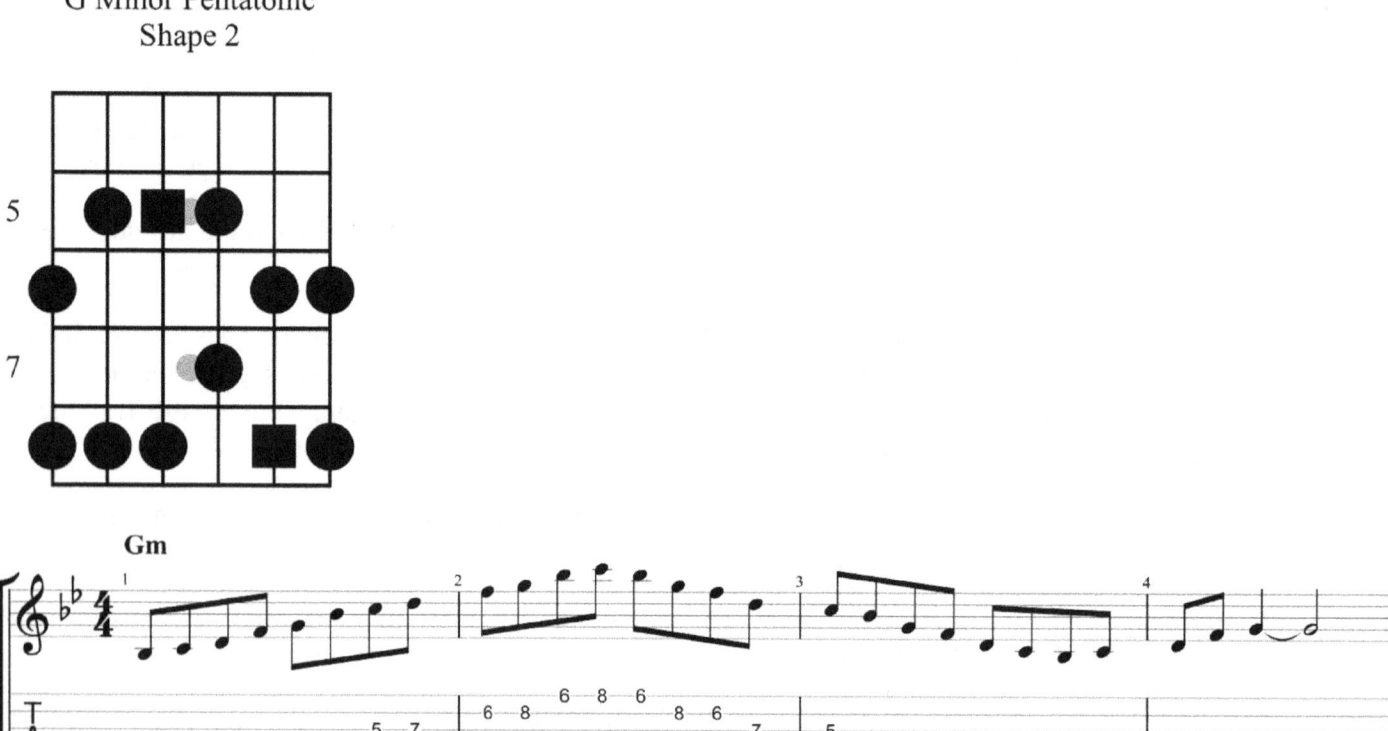

Moll-Pentatonik Form 2 Übungen

Wenn du die das eingeprägt hast, lerne die Form flüssiger zu spielen, indem du die folgenden fünf Muster lernst. Einige ähneln denen in Kapitel eins, aber ich habe noch ein paar weitere hinzugefügt, damit du auf Trab bleibst.

Beispiel 2b:

Beispiel 2c:

Beispiel 2d:

Beispiel 2e:

Beispiel 2f:

Denke daran, dass du die vorherigen fünf Patterns sowohl aufsteigend als auch absteigend spielen und sie auch auf Form 1 anwenden kannst.

Moll-Pentatonik Form 2 - Einfache Licks

Nun wollen wir einige Vokabeln lernen, die die nützlichsten Bereiche dieser Tonleiter nutzen. Die Licks entstehen durch das Hinzufügen von Bends, Slides und das Spielen mit dem Rhythmus. Höre dir die Licks zunächst an und lerne sie dann isoliert, bevor du sie über den Backing Track spielst.

Beispiel 2g:

Beispiel 2h:

Beispiel 2i:

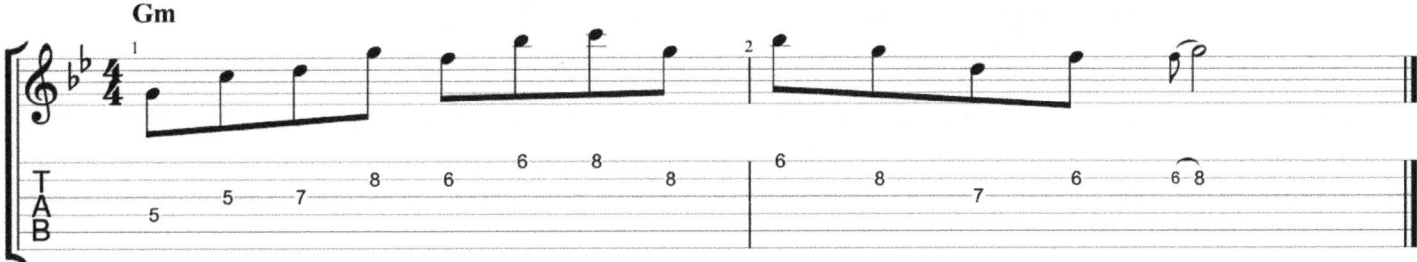

Beispiel 2j:

Beispiel 2k:

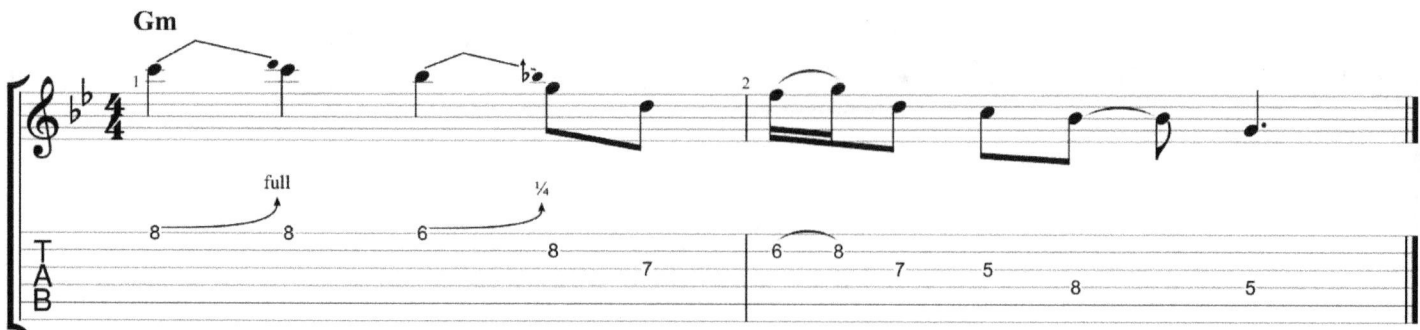

Spaß und Spiele mit Einzelsaiten

Wie schon im ersten Kapitel wollen wir uns nun einige weitere Möglichkeiten ansehen, die G-Moll-Pentatonik auf einer einzelnen Saite zu spielen. Wir haben bereits die oberen beiden Saiten behandelt, also wollen wir nun lernen, wie man sie auf den mittleren beiden Saiten spielt.

Die pentatonische Tonleiter in G-Moll wird wie folgt auf der dritten Saite (G) gespielt. Beginne auf dem tiefen C und lerne die Tonleiter auf und ab bis zur offenen G-Saite, bevor du zum tiefen C zurückkehrst. Achte auf die Lage der Grundtöne.

Beispiel 2l:

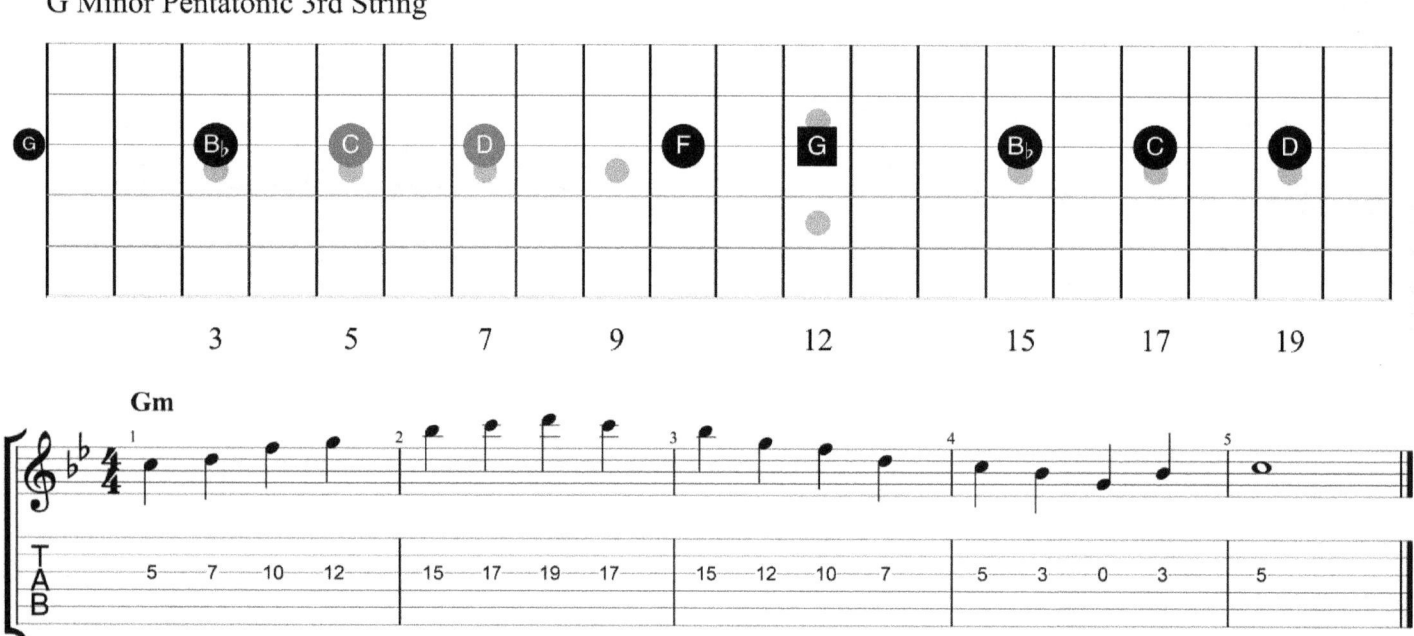

Nun kehre diese Idee um und spiele vom hohen D bis hinunter zur leeren Saite und wieder hinauf zum D.

Beispiel 2m:

Wenn du bereit bist, lege den langsamen Backing Track in G auf und versuche, einige Melodien mit dieser Tonleiter auf einer Saite zu spielen. Vergiss nicht, dass du auch Noten auslassen kannst.

Wiederhole schließlich den Vorgang auf der vierten Saite (D), auf- und absteigend vom tiefen G.

Beispiel 2n:

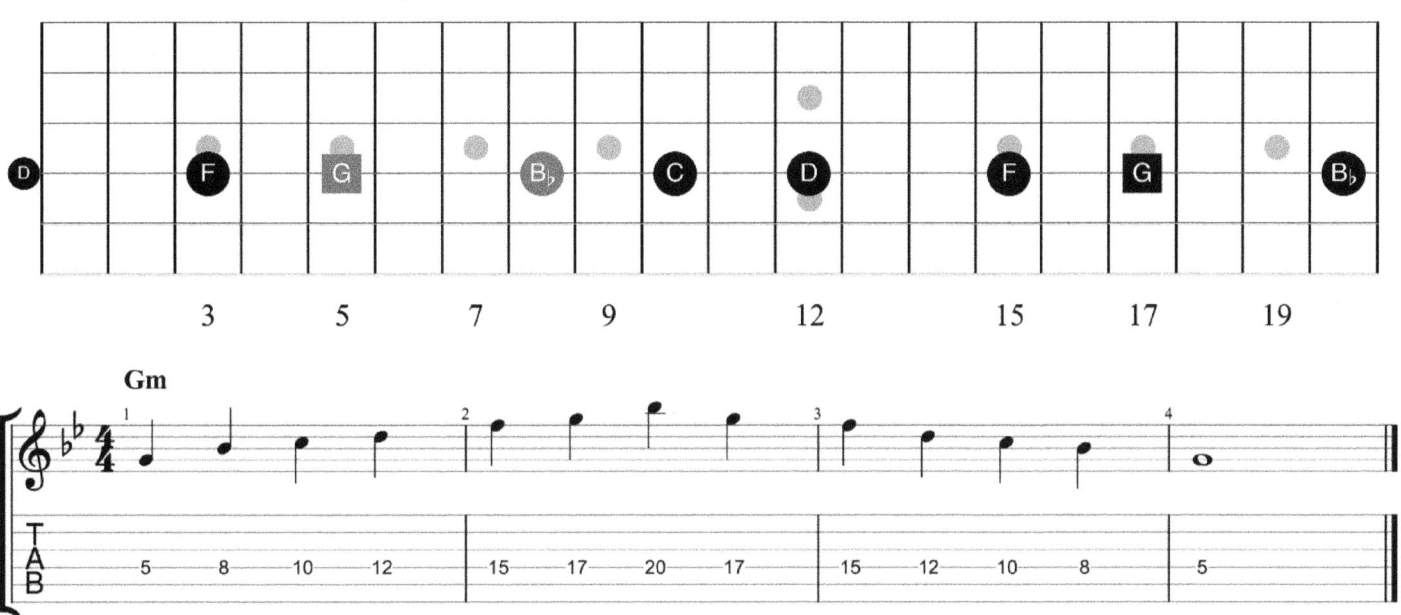

Steige schließlich vom hohen Bb bis zur offenen D-Saite ab und wieder zum tiefen G hinauf.

Beispiel 2o:

Wenn du dies auswendig gelernt hast, versuche erneut, einige kurze Melodien nur auf der vierten Saite zu komponieren, während du den langsamem Backing Track in G verwendest.

Später werden wir mit diesen einsaitigen Übungen kreativer werden, aber jetzt erforschen wir die Tonleitern erst einmal auf einer Saite nach der anderen. Mache dir keine Sorgen über gelegentliche Fehler - die Tonleitern sind schwierig zu visualisieren und du bist es wahrscheinlich nicht gewohnt, auf diese Weise zu spielen. Betrachte diese Übungen als eine schrittweise Erschließung des Griffbretts.

Wenn du bereit bist, kannst du mit dem Lernen von Form 3 fortfahren.

Kapitel Drei - Moll-Pentatonik Form 3

Die dritte Form der Moll-Pentatonik wird nicht ganz so häufig verwendet wie die ersten beiden, aber sie bietet ein großartiges Vokabular, insbesondere auf den ersten beiden Saiten. Ganzton- und Halbtonbends sind ein häufiges Merkmal der hier gespielten Licks.

Beginne mit dem Erlernen der Tonleiter, indem du die Form von unten nach oben und von oben nach unten spielst. Achte wie immer darauf, dass du dir die Lage der Grundtöne auf der fünften und zweiten Saite einprägst.

Beispiel 3a:

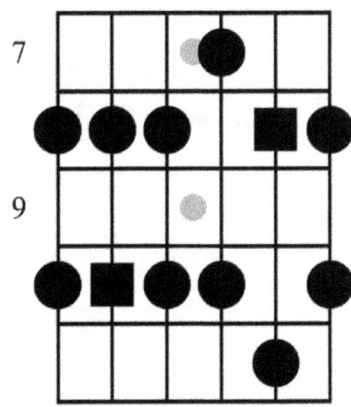

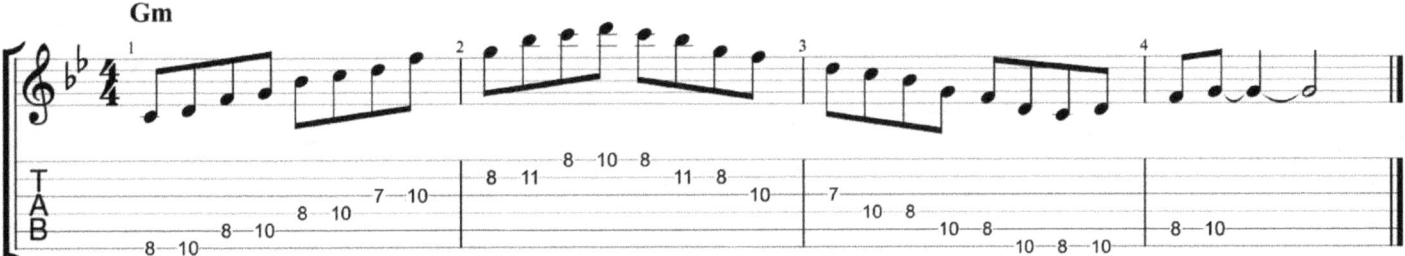

Moll-Pentatonik Form 3 Übungen

Um die Form wirklich zu verinnerlichen, solltest du diese Muster lernen. Wenn du möchtest, kannst du mit einem Metronom arbeiten, um die Spielgeschwindigkeit zu erhöhen und deine Technik zu verbessern. Die ersten paar Patterns kennst du schon, aber die letzten beiden sind neu und wurden hier aufgenommen, um dich auf Trab zu halten. Du kannst diese melodischen Muster auch auf die anderen Formen anwenden, die wir bisher behandelt haben.

Beispiel 3b:

Beispiel 3c:

Beispiel 3d:

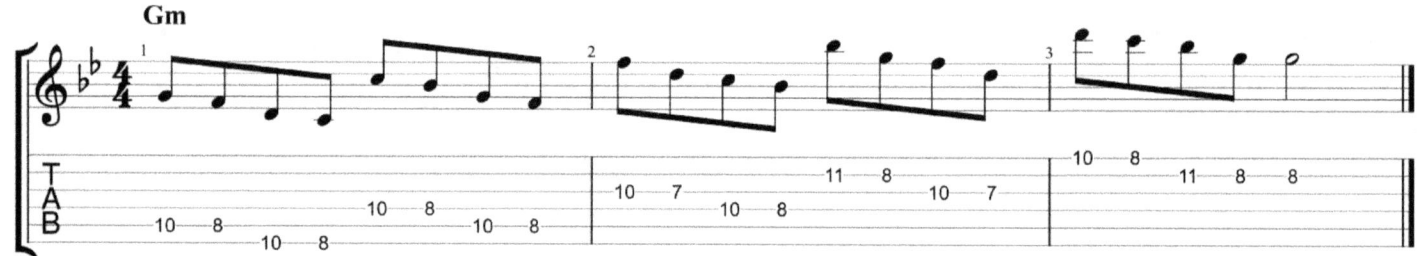

Beispiel 3e:

Beispiel 3f:

Moll-Pentatonik Form 3 - Einfache Licks

Jetzt wollen wir einige Rock-Licks lernen, die die nützlichsten Bereiche der Form hervorheben.

Beispiel 3g:

Beispiel 3h:

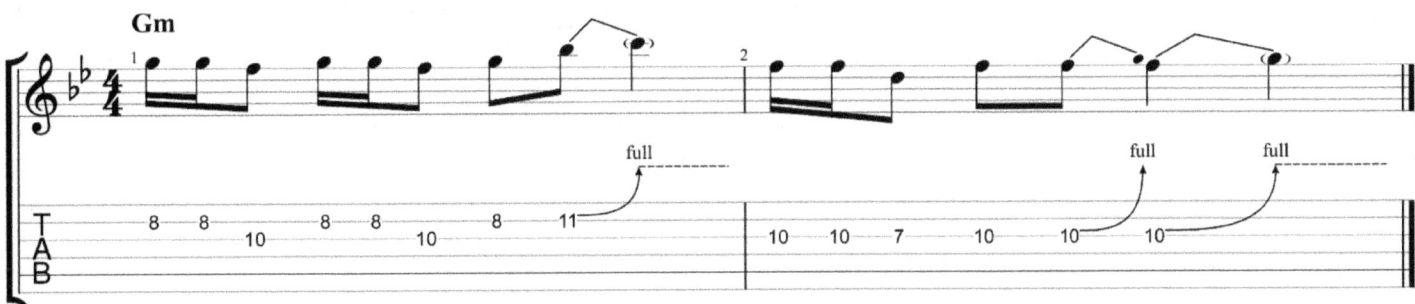

Beispiel 3i:

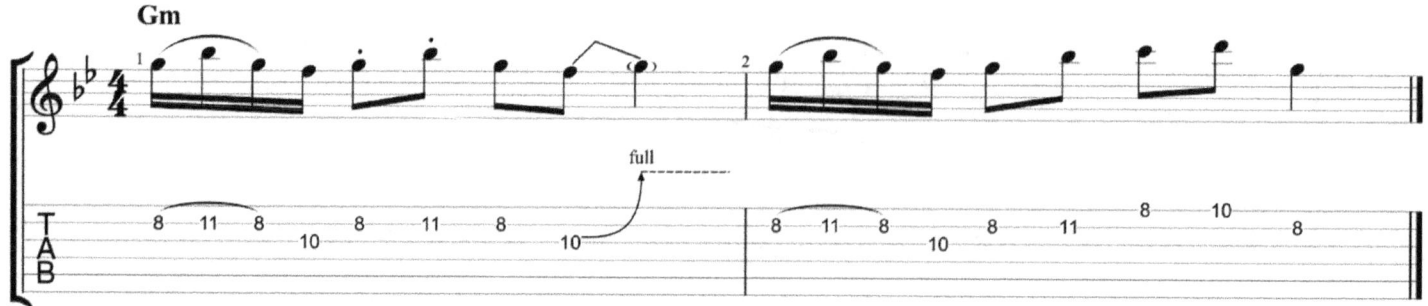

Beispiel 3j:

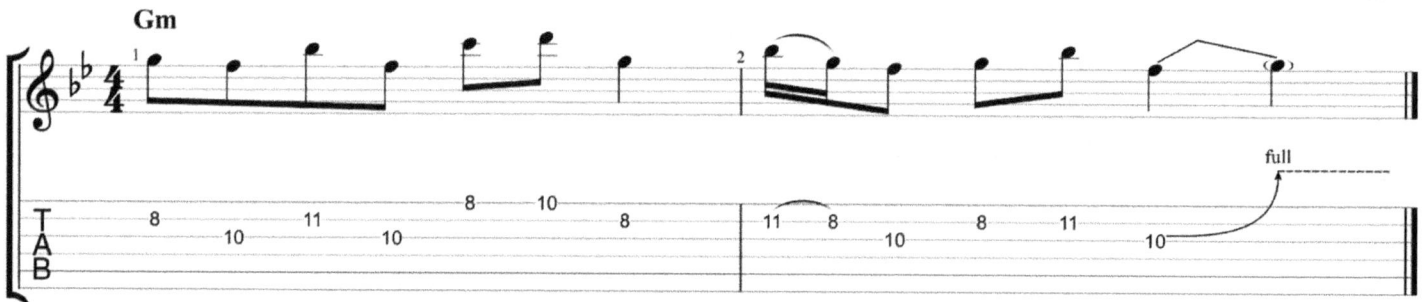

Beispiel 3k:

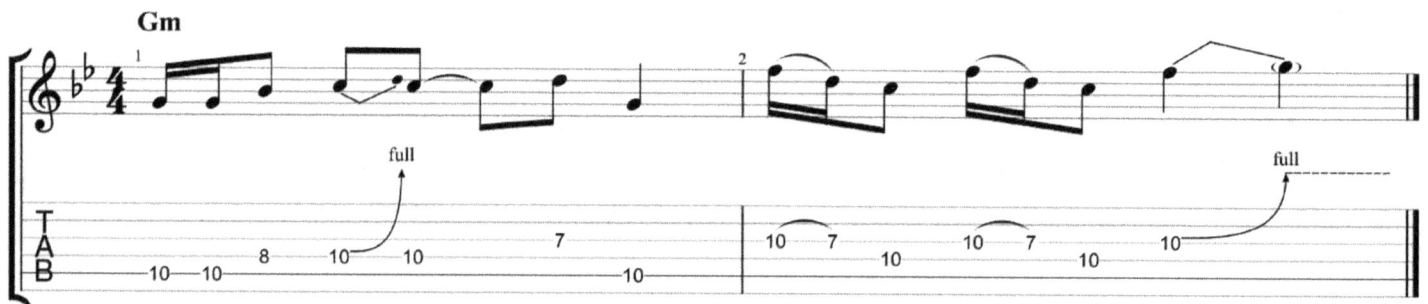

Spaß und Spiele mit Einzelsaiten

Bisher haben wir gelernt, die G-Moll-Pentatonik auf den oberen vier Saiten zu spielen. Jetzt wollen wir sie auf den unteren zwei Saiten kennenlernen. Auch hier sind die Noten von Form 3 grau unterlegt. Beginne mit der untersten grauen Note und spiele auf dem Griffbrett so hoch wie möglich nach oben. Steige dann bis zur tiefsten verfügbaren Note ab, bevor du wieder zum Grundton G aufsteigst.

Beispiel 3l:

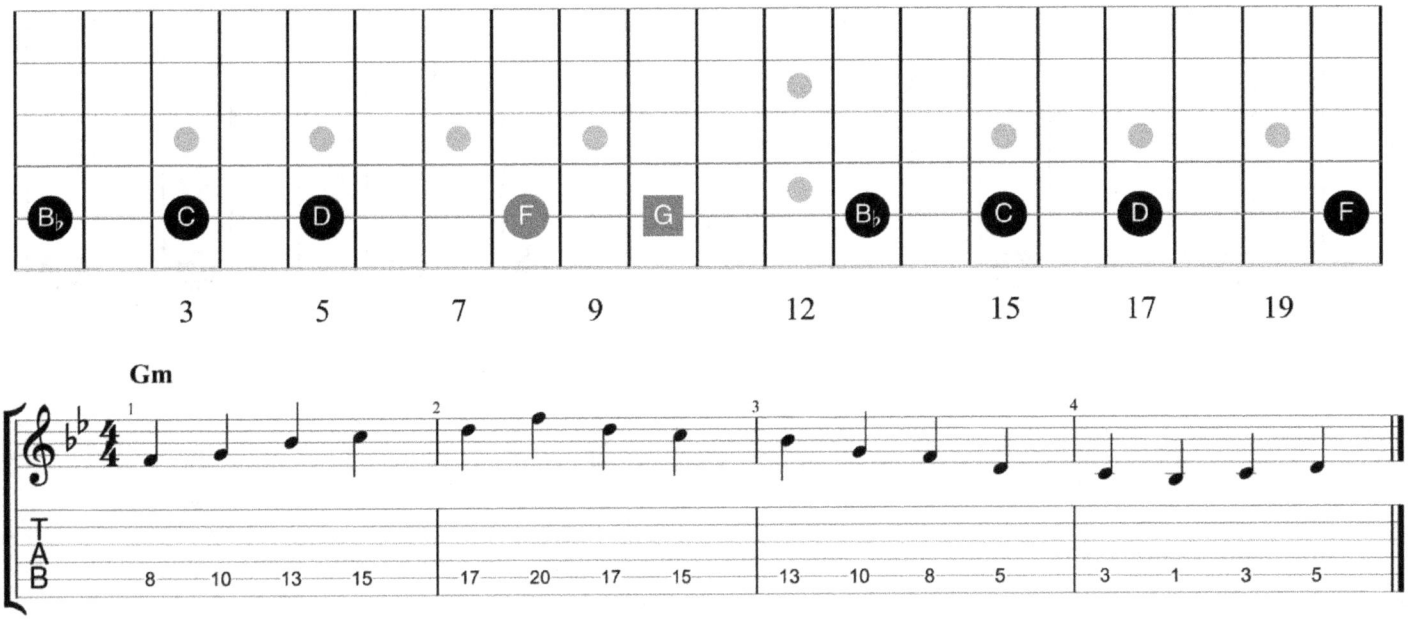

Beginne nun mit der tiefsten verfügbaren Note auf dem Hals, steige bis zur höchsten auf und gehe dann wieder zum Grundton G zurück.

Beispiel 3m:

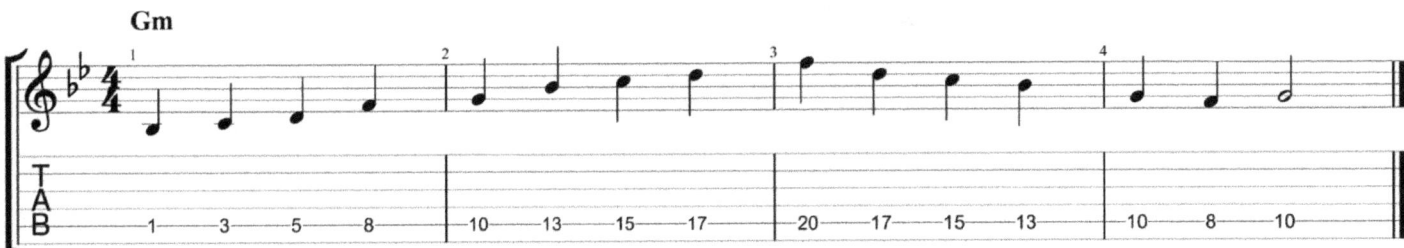

Wiederhole diese Übungen auf der Basssaite. Beachte, dass diese Noten die gleichen sind wie die auf der hohen E-Saite.

Beispiel 3n:

G Minor Pentatonic 6th String

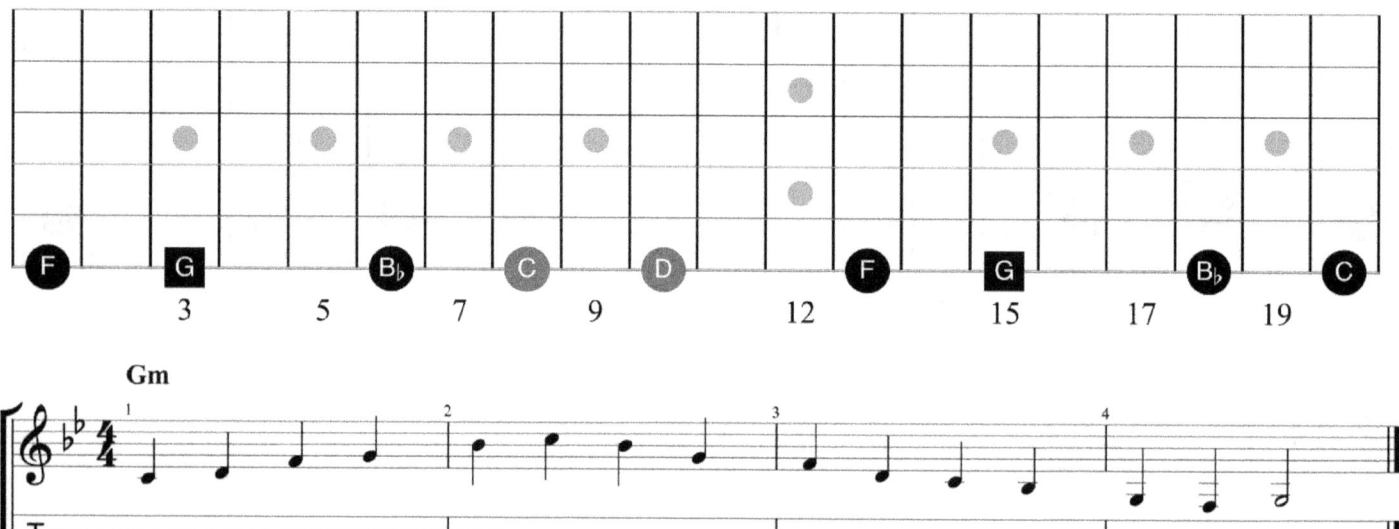

Beispiel 3o:

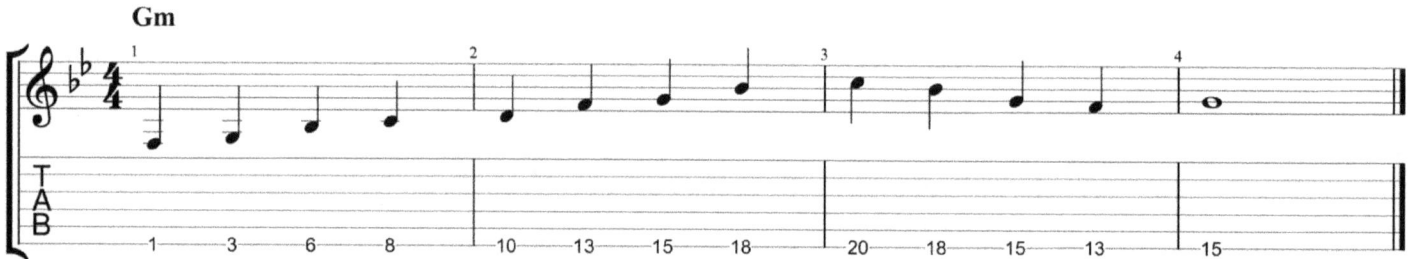

Lege schließlich den langsamen Backing Track in G auf und spiele eine Zeit lang Melodien nur auf der fünften Saite.

Kapitel Vier - Moll-Pentatonik Form 4

Die Form 4 der pentatonischen Molltonleiter ist eine meiner Lieblingsformen. Auf den obersten vier Saiten gibt es großartiges Vokabular zu erkunden, und sie ist ein wichtiger Teil des musikalischen Arsenals der meisten Gitarristen. Die Licks und Patterns, die du hier lernst, werden dir sehr nützlich sein, aber wenn du nach mehr suchst, kannst du dir meine Bücher *Bluesgitarren-Solo für Anfänger*, *Das CAGED System* und *100 Licks für Blues-Gitarre* und *100 klassische Blues-Licks für Gitarre* ansehen.

Beginne wie immer mit dem Erlernen der Tonleiterform nach oben und unten.

Beispiel 4a:

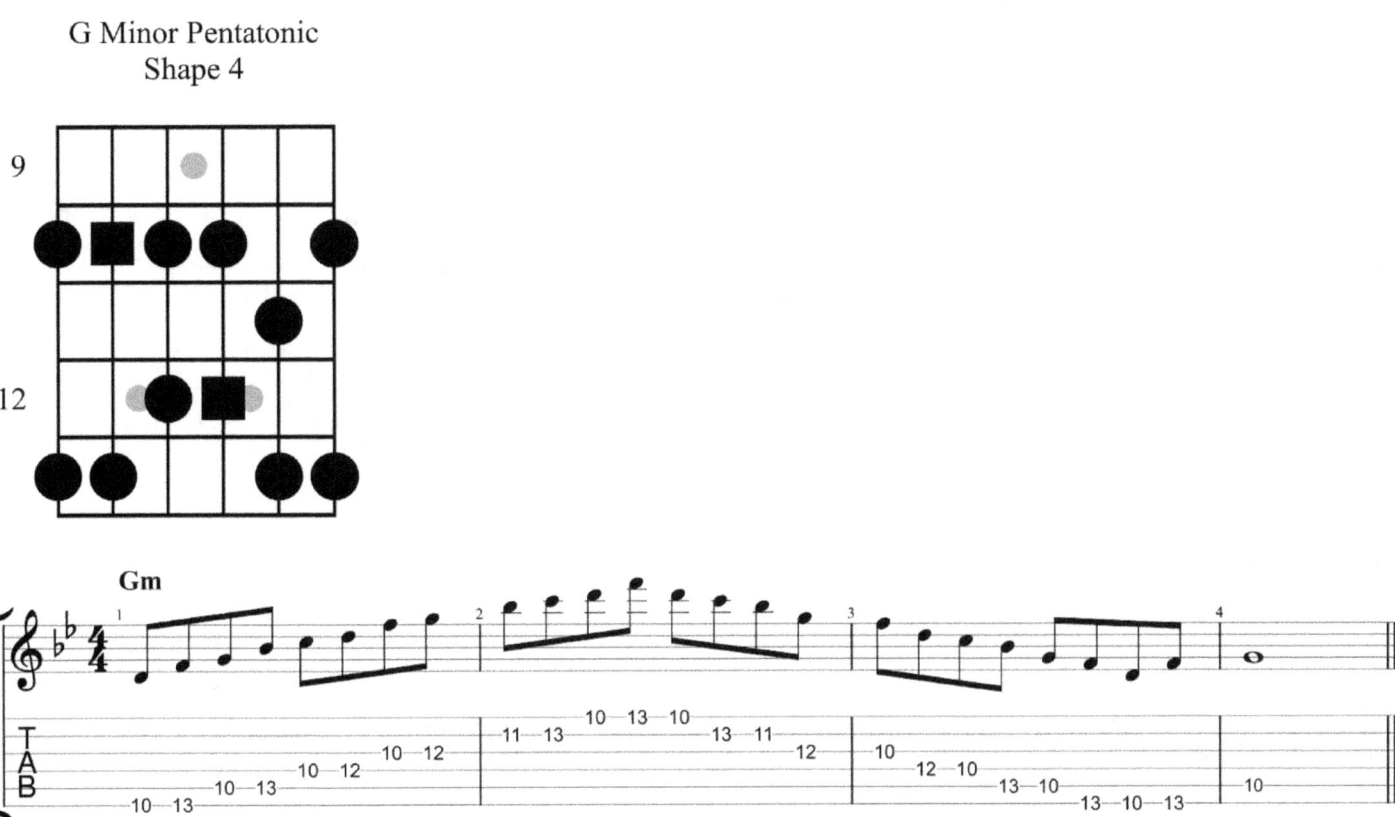

Der nächste Schritt ist, wie immer, das Erlernen einiger melodischer Muster, die dir helfen, die Tonleiterform auswendig zu lernen und flüssiger zu spielen. Wie zuvor hast du bereits die ersten drei Muster gelernt und musst sie nun auf die neue Form anwenden, aber die letzten beiden Muster sind neu und enthalten andere Rhythmen. Höre dir das Audiobeispiel an, bevor du sie spielst, um ein Gefühl dafür zu bekommen, wie sie klingen sollten. Lerne die Patterns zunächst einzeln und spiele sie dann zum langsamen Backing Track in G.

Moll-Pentatonik Form 4 Übungen

Beispiel 4b:

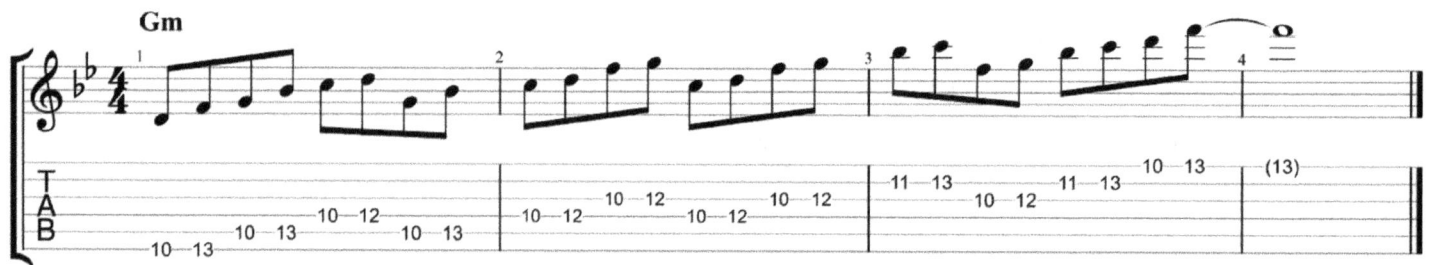

Beispiel 4c:

Beispiel 4d:

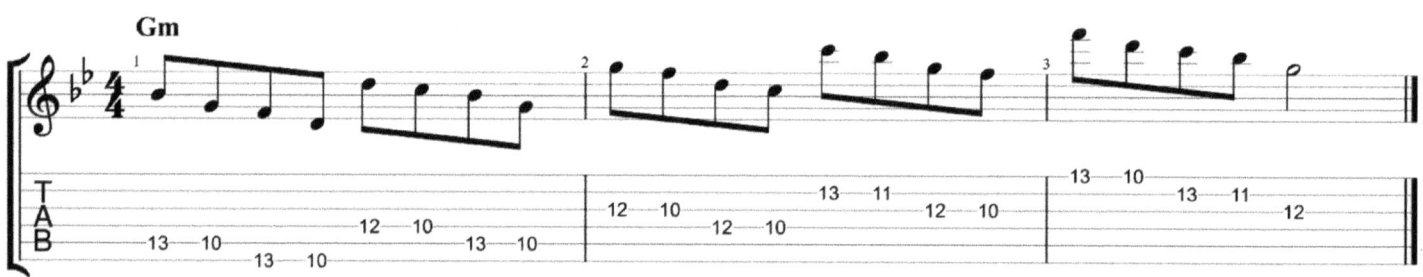

Beispiel 4e:

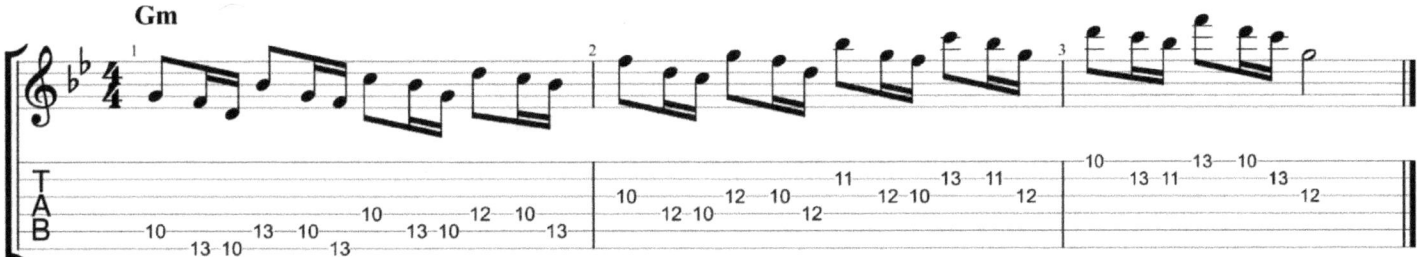

Beispiel 4f:

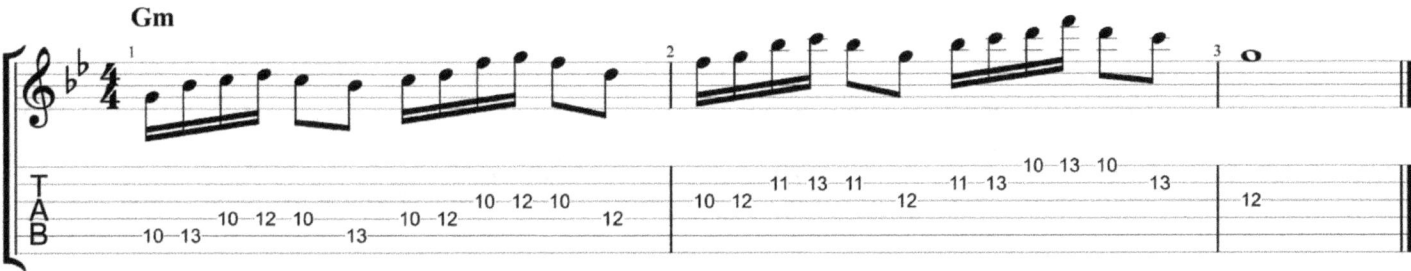

Moll-Pentatonik-Form 4 - Einfache Licks

Die folgenden fünf Licks werden dir helfen, mit Form 4 der Moll-Pentatonik Musik zu machen. Sie heben die Bereiche der Skala hervor, die häufig für melodische Soli verwendet werden.

Höre dir zuerst das Audiobeispiel an, bevor du die einzelnen Ideen ausprobierst. Lerne jede Phrase isoliert, bevor du sie zum Backing Track spielst.

Beispiel 4g:

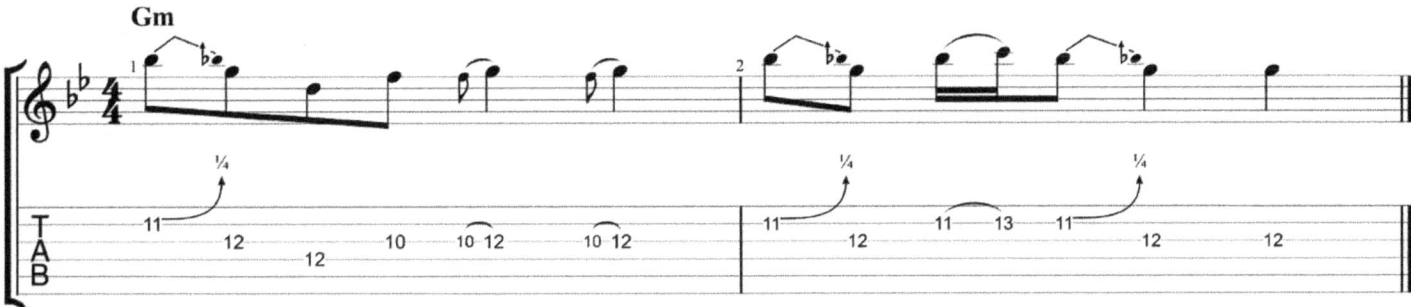

Beispiel 4h:

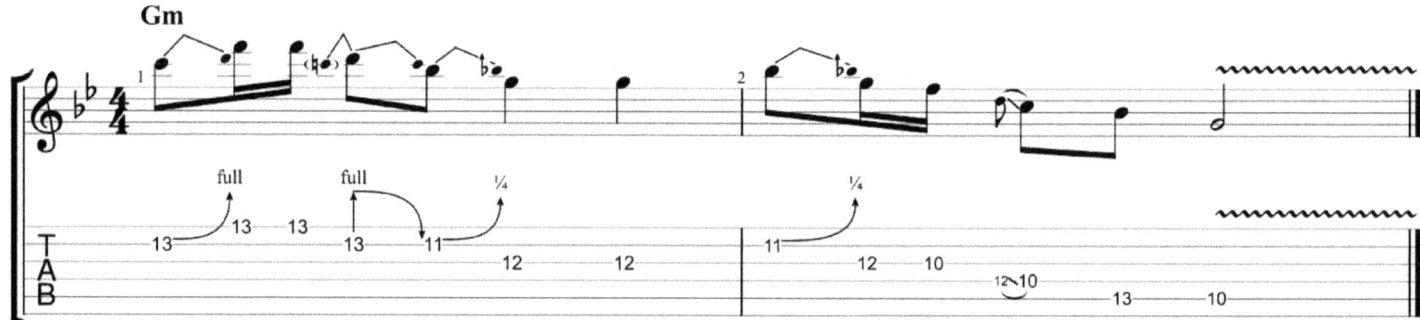

Beispiel 4i:

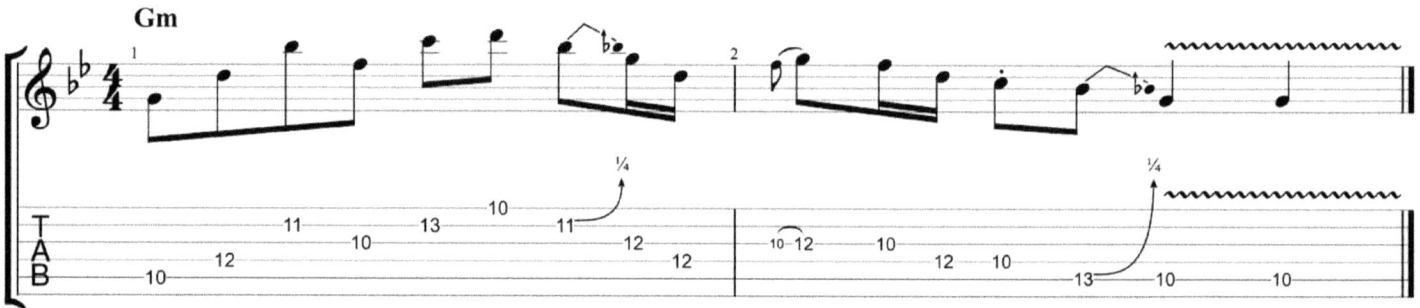

Beispiel 4j:

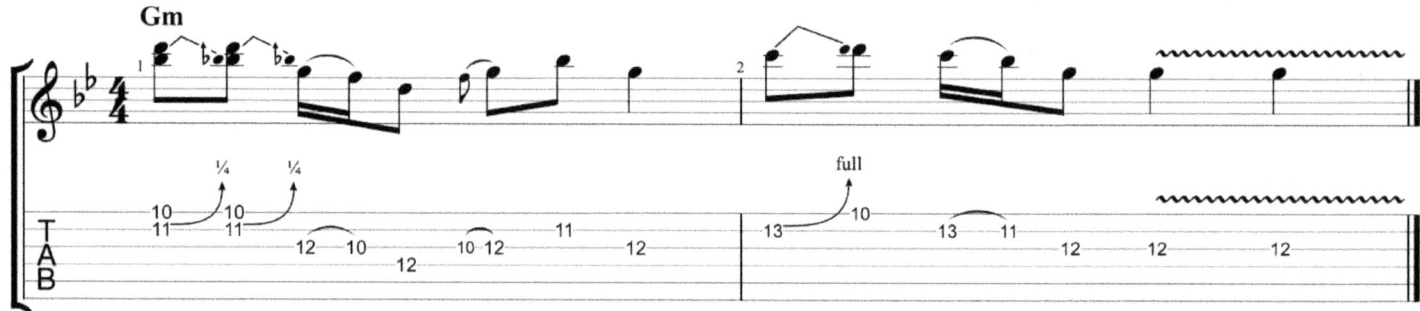

Beispiel 4k:

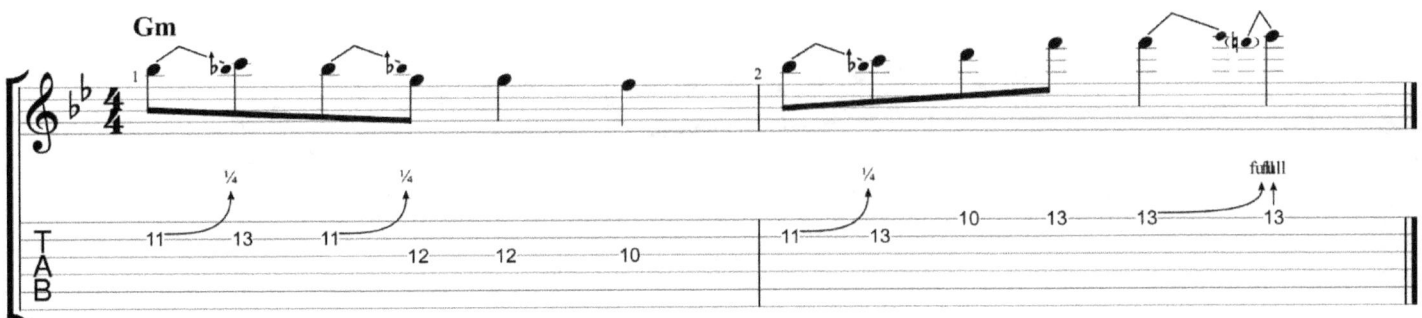

Spaß und Spiele mit Einzelsaiten

Wir haben bereits gelernt, wie man die G-Moll-Pentatonik auf jeder Saite spielt, was könnte ich also jetzt noch auf Lager haben?!

In diesem Abschnitt werden wir den Hals auf- und absteigen, indem wir Muster über zwei Saiten zusammen spielen. Der Schlüssel zu einem reibungslosen Spiel ist, sich immer die nächste Note in der Sequenz vorzustellen, kurz bevor du die Saite wechselst.

Das erste Beispiel ist ein absteigendes Vier-Noten-Muster in jeder pentatonischen Position, das mit einem Slide auf der ersten Saite den Hals hinaufsteigt. Du wirst schnell feststellen, dass eine Position etwas schwieriger zu greifen ist als die anderen. Lerne es langsam, bevor du es mit dem Backing Track spielst.

Beispiel 4l:

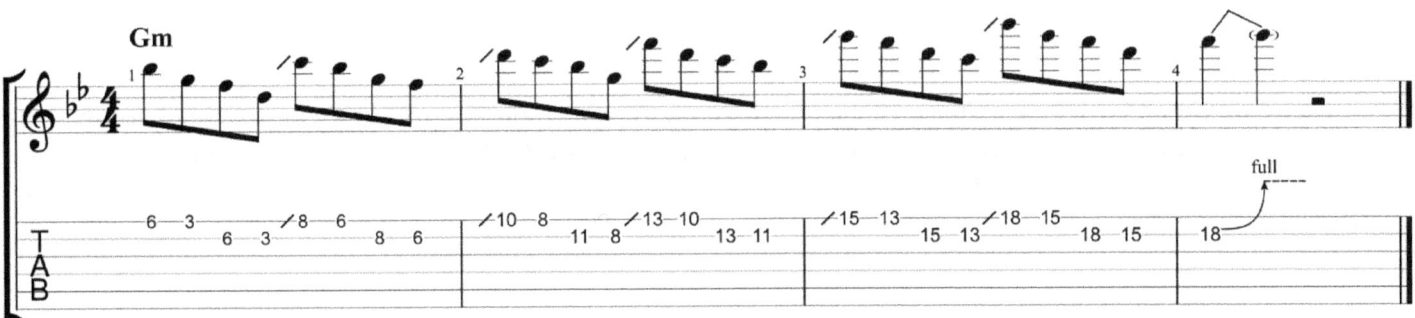

Versuche nun die gleiche Idee, aber rückwärts. Hier ist ein absteigendes Vier-Noten-Muster, das den Hals abwärts führt. Beachte, dass es dieses Mal keinen Slide gibt.

Beispiel 4m:

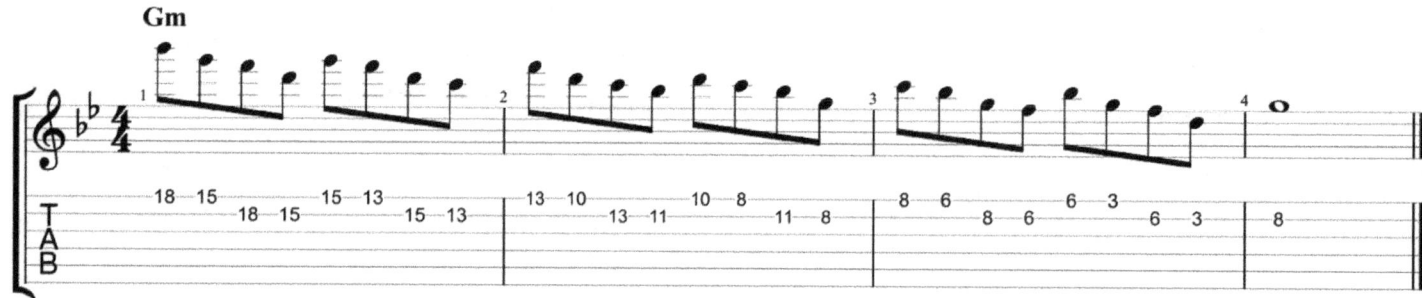

Die nächste Idee ist eine kurze dreistimmige Phrase, die sich beim Aufsteigen auf dem Hals wiederholt. Das Muster bleibt das gleiche, aber die Notenpositionen ändern sich in jeder Lage. Beachte das Pull-Off zwischen den ersten beiden Noten jeder Phrase.

Beispiel 4n:

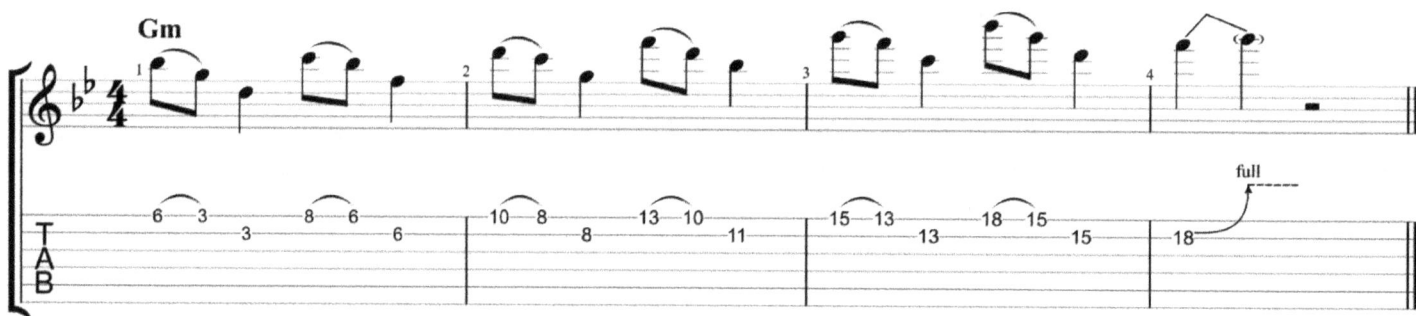

Um dieses Kapitel abzurunden, probiere diese absteigende Idee aus, die dich dazu zwingt, schnell zu denken. Achte darauf, wo du beim Positionswechsel blinde Flecken hast, und arbeite bei Bedarf separat daran.

Beispiel 4o:

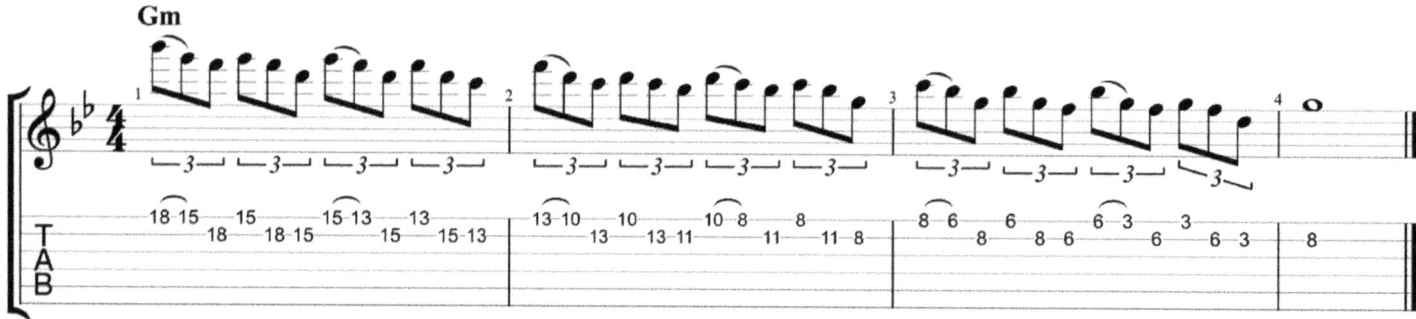

Sobald du an Selbstvertrauen gewinnst, versuche, Melodien über den langsamen Backing Track in G zu spielen, indem du nur die beiden oberen Saiten verwendest. Wenn du die Position wechselst, antizipiere immer, wo dein Finger landen soll, damit du genau und reibungslos wechseln kannst.

Im nächsten Kapitel werden wir uns die fünfte und letzte Form der pentatonischen Molltonleiter ansehen.

Kapitel Fünf - Moll-Pentatonik Form 5

Form 5 der pentatonischen Molltonleiter ist eine etwas weniger gebräuchliche Spielposition, aber da sie direkt unter Form 1 auf dem Griffbrett liegt, werden die tiefsten Noten von Form 1 häufig verwendet, um absteigende Läufe in ein tieferes Register mit einem einfachen Fingersatz zu verlängern. Es gibt aber auch einige großartige Licks in hohen Lagen, so dass es sich lohnt, diese Form kennenzulernen und zu lernen, wie man mit ihr Melodien spielt.

Beginne damit, Form 5 von der tiefsten zur höchsten Note und zurück auswendig zu lernen.

Beispiel 5a:

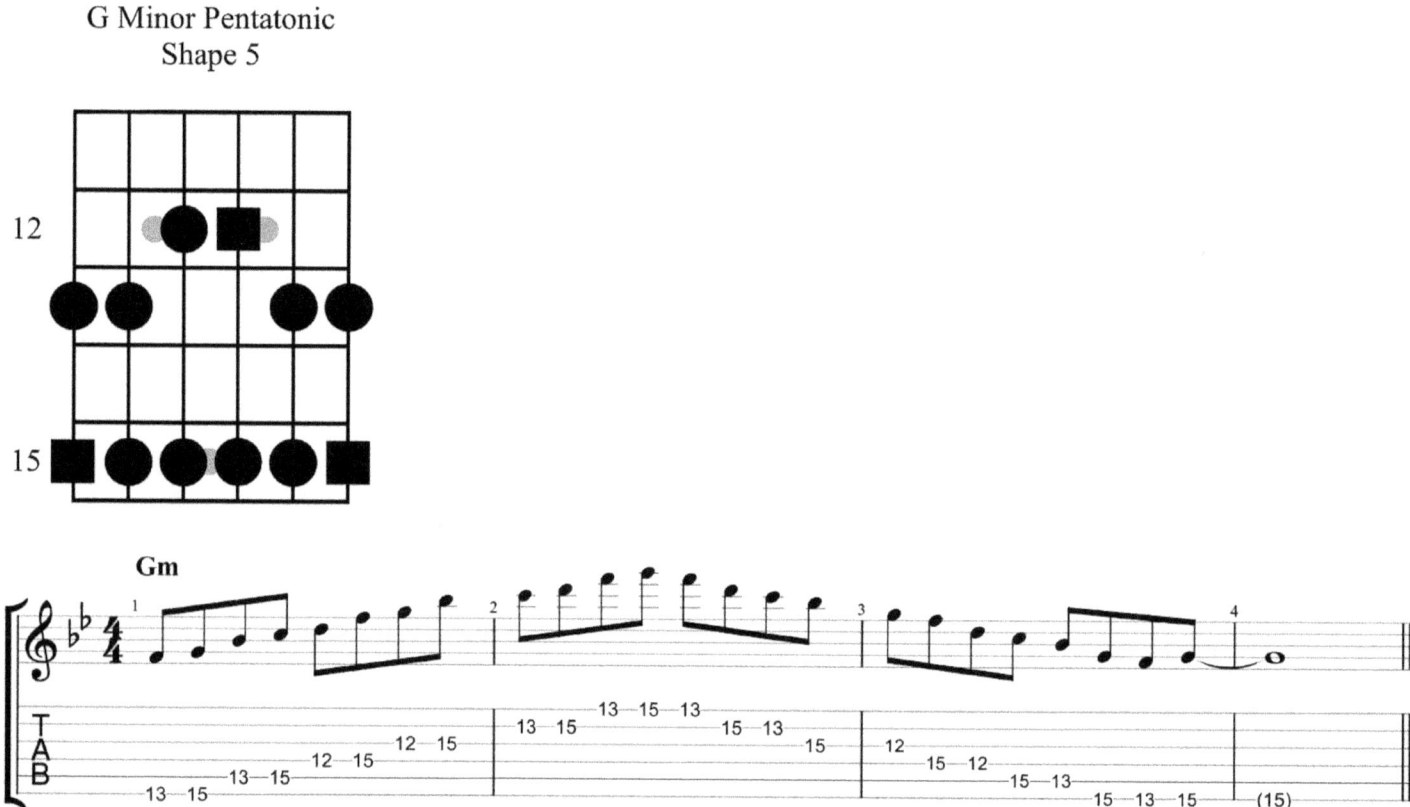

Moll-Pentatonik Form 5 Übungen

Lerne wieder diese fünf Patterns, um die Form flüssig und auswendig spielen zu können. Die ersten paar Patterns kennst du bereits, aber die letzten beiden werden dir einige neue melodische Ideen vermitteln.

Beispiel 5b:

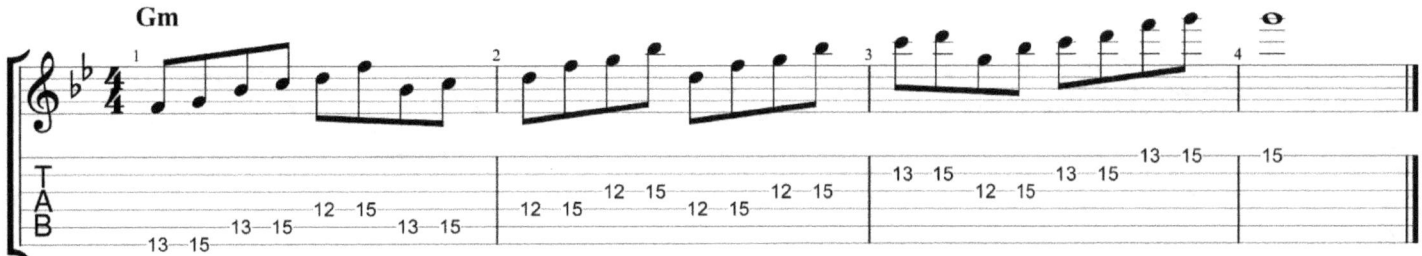

Beispiel 5c:

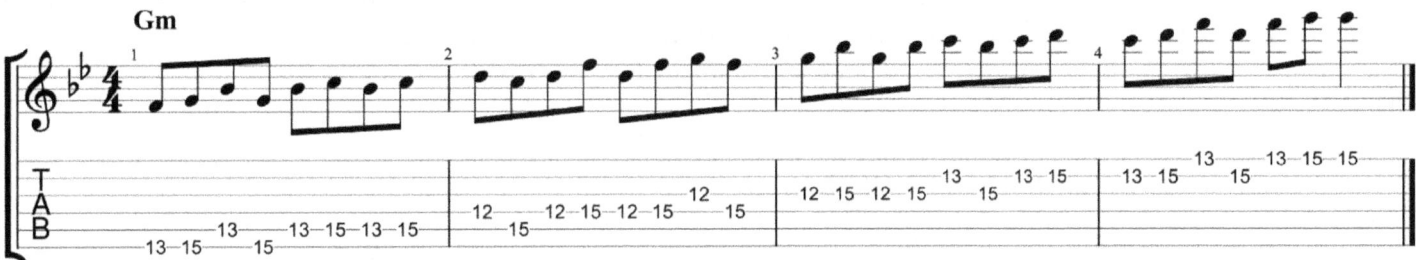

Beispiel 5d:

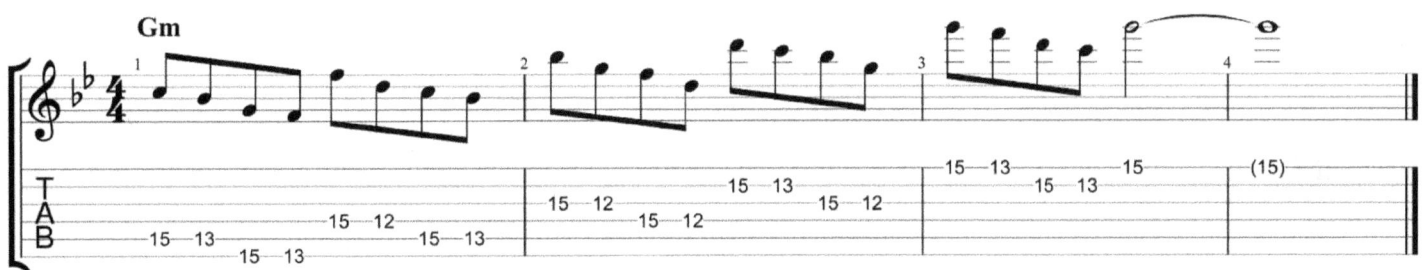

Beispiel 5e:

Beispiel 5f:

Moll-Pentatonik-Form 5 - Einfache Licks

Die folgenden fünf Licks werden dir helfen, Musik aus Form 5 zu machen. Wie immer solltest du dir die Licks erst anhören, bevor du sie isoliert lernst, und sie dann zum Backing-Track spielst.

Beispiel 5g:

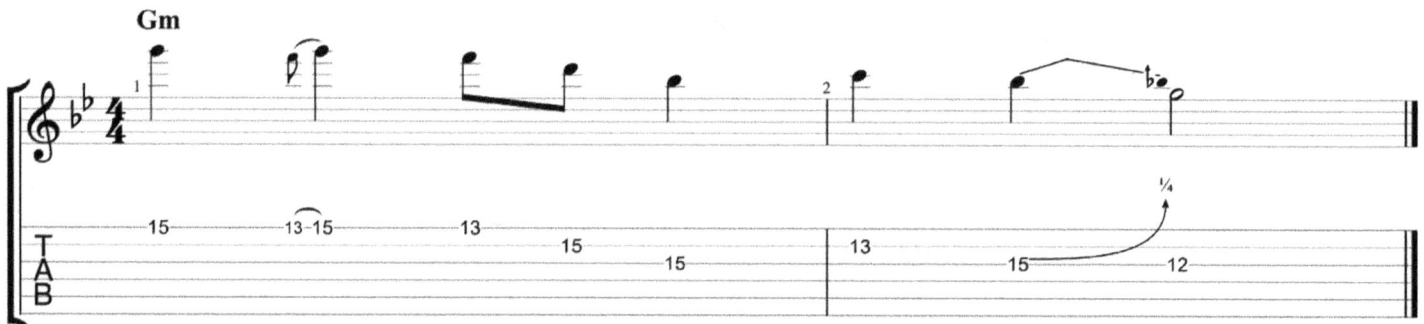

Beispiel 5h:

Beispiel 5i:

Beispiel 5j:

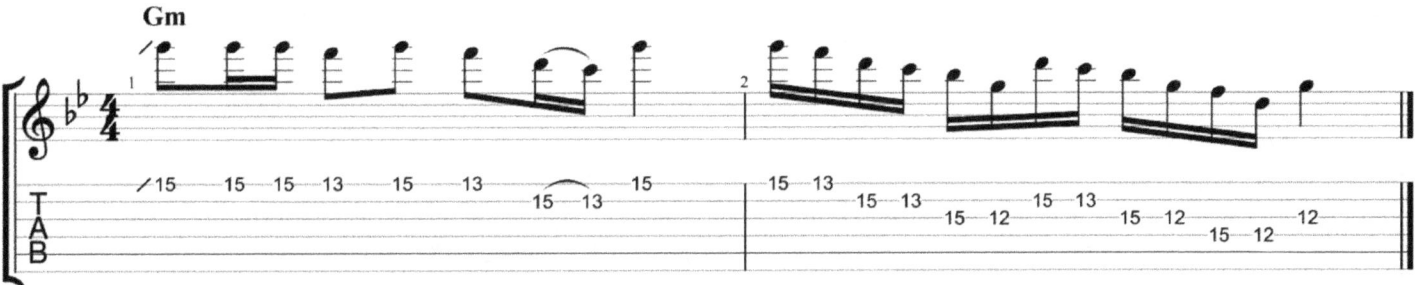

Beispiel 5k:

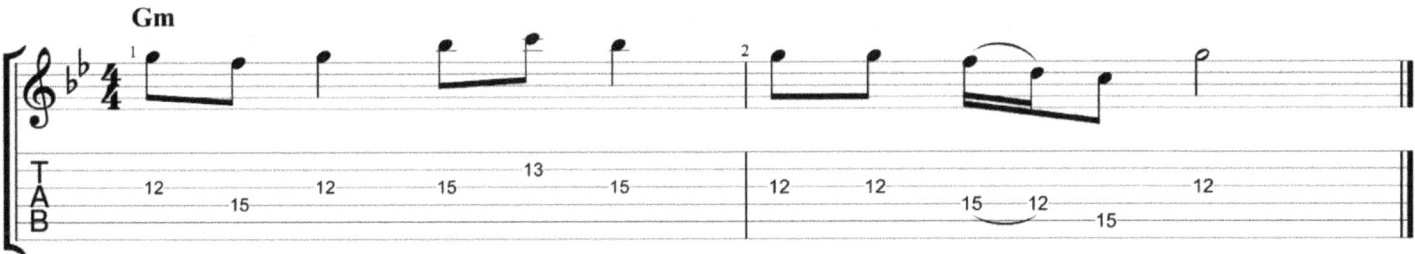

Spaß und Spiele mit Einzelsaiten

Im vorigen Kapitel haben wir damit begonnen, Melodien mit sich wiederholenden Mustern auf den oberen beiden Saiten zu erzeugen, während wir den Hals auf- und absteigen. Wir könnten das Gleiche hier auf den beiden mittleren Saiten machen, aber stattdessen möchte ich dir eine neue Technik vorstellen, die wunderbar mit pentatonischen Skalen funktioniert, die auf einer Saite gespielt - den *Pedalton.*

Ein Pedalton ist eine sich wiederholende Note, die zwischen den Noten einer Phrase gespielt wird. Gitarristen verwenden dafür oft offene Saiten, um Melodien zu spielen, die gegen den Pedalton auf- und absteigen.

Das funktioniert natürlich am besten, wenn die Note der offenen Saite in der verwendeten Tonleiter enthalten ist. Die Noten der G-Moll-Pentatonik sind G, Bb, C, D und F. Die offene dritte Saite ist die Note G, und die offene vierte Saite ist die Note D - diese beiden Noten sind also in der Moll-Pentatonik enthalten.

In der Tonart G ergeben die beiden mittleren Saiten großartige Pedaltöne, und du kannst die Noten der G-Moll-Pentatonik auf diesen Saiten in den Beispielen 2l und 2n sehen (obwohl ich hoffe, dass du deine Hausaufgaben gemacht und sie in Kapitel 2 auswendig gelernt hast!)

Diese Patterns sind großartige Licks und klingen gut bei langsamen Geschwindigkeiten, kommen aber erst richtig zur Geltung, wenn man sie schneller spielt. Sie sind hier als 1/8 Noten notiert, aber sie sind eigentlich ziemlich einfach zu spielen und funktionieren auch als 1/16 Noten Ideen, fühle dich also frei, deine Geschwindigkeit zu verdoppeln.

Beginnen wir mit einer aufsteigenden Linie, die am 3. Bund der G-Saite beginnt. Greife den 3. Bund, spiele dann die offene G-Saite (oder spiele ein Pull-Off), spiele den 5. Bund und dann ein Pull-Off, dann den 7. Bund, usw. Wenn du am oberen Ende des Griffbretts ankommst, steige wieder ab, indem du den 19. Bund anschlägst und dann ein Pull-Off zur offenen Saite spielst, und gehe den Weg zurück, den du gekommen bist.

Beispiel 5l:

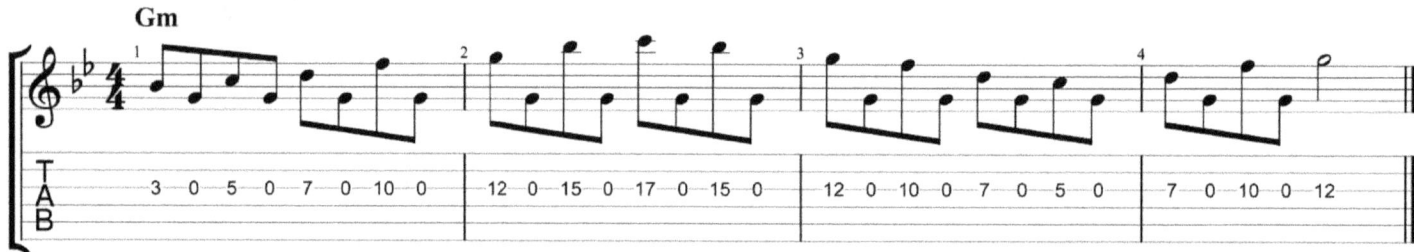

Diesmal beginnen wir damit, dass wir die offene G-Saite zweimal anspielen, dann den 3. Bund spielen, zur offenen Saite ein Pull-Off spielen und das Muster am 5. Bund wiederholen. Das ist ein großartiges Pattern, an das man sich aber erst einmal gewöhnen muss. Wenn du den oberen Teil des Halses erreicht hast, gehe den Weg zurück, den du gekommen bist.

Beispiel 5m:

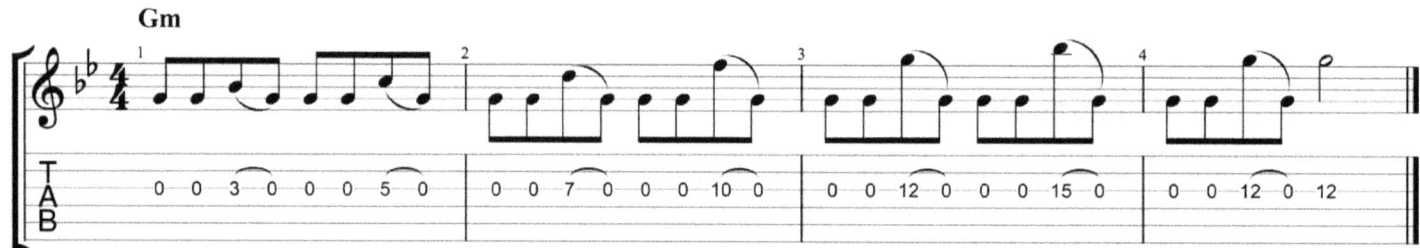

Schauen wir uns ein paar Ideen für die D-Saite an. Die erste zwingt dich, vorausschauend zu sein, indem du in jeder pentatonischen Position zuerst die höhere Note greifst, bevor du zur leeren Saite ein Pull-Off spielst und dann die tiefere Note greifst. Dieses Muster kehrt sich um, wenn du abwärts spielst. Versuche, dir die Formen der Moll-Pentatonik vorzustellen, während du den Hals auf- und absteigst. Dieses Lick beginnt auf dem *Upbeat* mit einer offenen Saite, die als 1/8-Note vor Beginn des ersten Taktes gespielt wird.

Beispiel 5n:

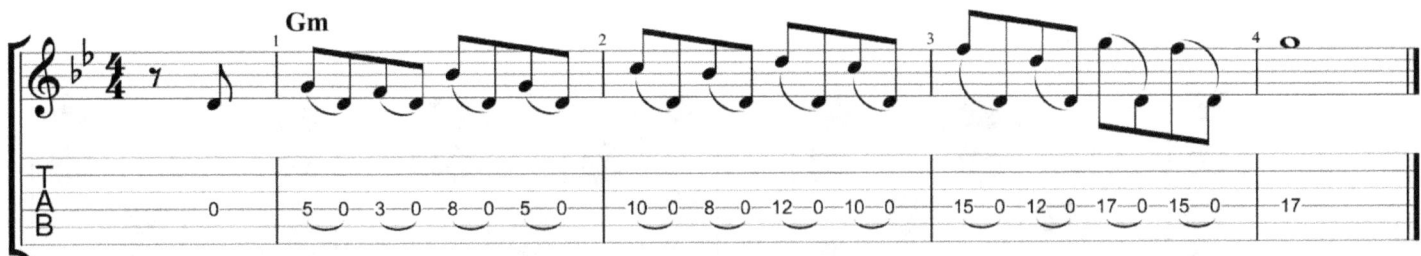

Die letzte Idee für offene Saiten besteht darin, für jeden offenen Pedalton zwei gegriffene Noten zu spielen.

Beispiel 5o:

Versuche, die Ideen für die dritte Saite auf der vierten Saite zu spielen und umgekehrt, und schaue dann, wie viele Licks du selbst auf offenen Saiten schreiben kannst!

Die Arbeit mit den einzelnen Saiten macht Spaß, aber sie ist eigentlich nur dazu da, um dich auf das eigentliche Thema dieses Buches vorzubereiten: die Verknüpfung aller Moll-Pentatonik-Formen entlang des Halses... und darum geht es im nächsten Kapitel.

Sechstes Kapitel - Bewegung zwischen zwei Formen

Der Schlüssel zum Erschließen des Griffbretts liegt darin, zu verstehen, dass alle Formen der pentatonischen Moll-Tonleiter wie ein Puzzle auf dem Hals zusammenhängen. Du kennst jetzt jede der einzelnen Formen, also lass uns sehen, wie sie auf dem Hals angeordnet sind. Aber keine Panik - auf dem Papier sieht es vielleicht kompliziert aus, aber wir werden es ganz langsam aufschlüsseln.

G-Moll-Pentatonik-Skala – Anordnung auf dem gesamten Griffbrett

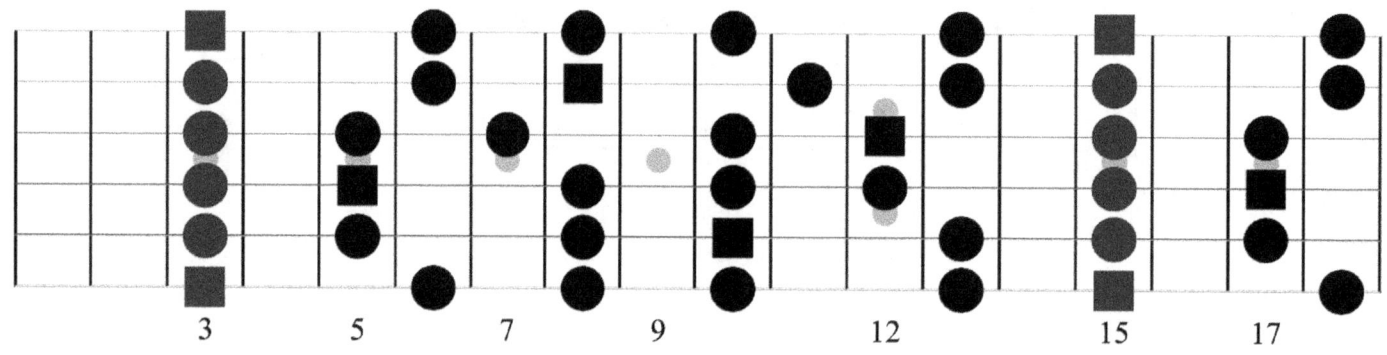

Beachte zunächst, dass ich die Notenreihe am 3. Bund etwas heller gemacht habe, um den Beginn von Form 1 zu markieren. Dieses Muster wiederholt sich zwölf Bünde weiter oben und hilft dir, den Hals besser zu visualisieren.

Konzentriere dich nun auf die Notenpaare auf der untersten Saite (neben der Bundnummerierung). Jedes Paar ist der Beginn einer neuen Form.

Form 1 liegt zwischen dem 3. und 6. Bund.

Form 2 liegt zwischen dem 6. und 8. Bund.

Form 3 liegt zwischen dem 8. und 10. Bund.

Form 4 liegt zwischen dem 10. und 13. Bund.

Form 5 liegt zwischen dem 13. und 15. Bund.

Richten deinen Blick auf jedes Punktepaar auf der untersten Saite und du solltest beginnen, die einzelnen Formen der Moll-Pentatonik aus ihnen aufsteigen zu sehen, während du auf der Seite nach oben gehst.

Falls du eine kurze Erinnerung brauchst, hier sind noch einmal alle einzelnen Formen für dich. Versuche, sie in eine Reihe zu bringen und sie dem obigen Diagramm des vollständigen Griffbretts zuzuordnen.

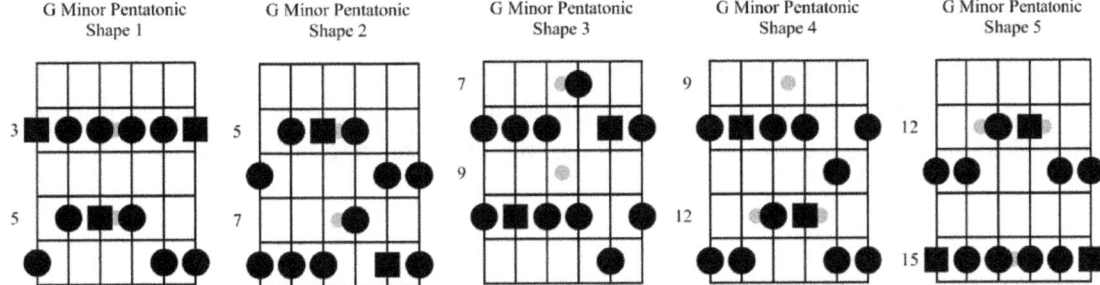

Beachte, wie die Noten am oberen Ende von Form 1 (die am 6. und 5. Bund) zu den Noten am unteren Ende von Form 2 werden.

Die Noten am oberen Ende von Form 2 (am 8. und 7. Bund) werden zu den Noten am unteren Ende von Form 3.

Tatsächlich fügt sich jede Form perfekt in die nächste ein, wie ein großes musikalisches Puzzlespiel.

Deine Aufgabe ist es, diese Anordnung der Noten über dem gesamten Griffbrett zu beherrschen, damit du dich beim Solospiel frei auf dem Griffbrett bewegen kannst. Wenn du dich frei bewegen kannst, wirst du in der Lage sein, in jedem Bereich des Halses zu spielen und alle Licks, die du jetzt in jeder der fünf Positionen kennst, nahtlos miteinander zu verbinden.

Das Wissen darüber, wie man sich auf dem Griffbrett bewegt, gibt uns *kreative Freiheit* zu improvisieren, was und wo immer wir wollen. Das ist eine wesentliche Fähigkeit für jeden Gitarristen. Es wäre verrückt, die gesamte Karte der Noten in einem Rutsch zu lernen, also werden wir damit beginnen, jeweils zwei benachbarte Formen miteinander zu verbinden.

Verbinden der Formen 1 und 2

Beginnen wir damit, zu lernen, wie die Formen 1 und 2 zusammenpassen. Im folgenden Diagramm habe ich beide Formen mit grauen Punkten dargestellt und schwarze Punkte verwendet, wo sie Noten gemeinsam haben.

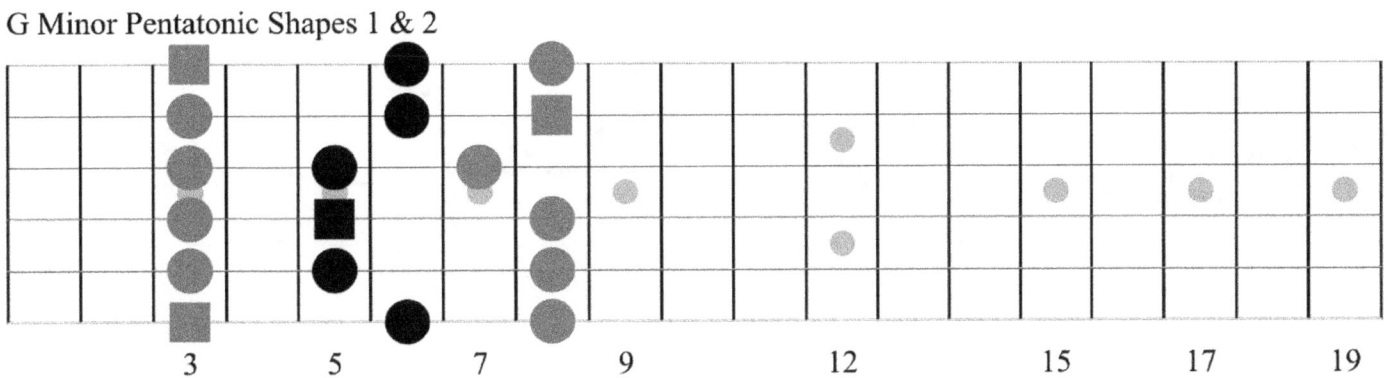

Beginnen wir damit, einige nützliche Methoden zu lernen, um von Form 1 zu Form 2 aufzusteigen.

Die erste ist, auf der 3. Saite nach oben zu sliden. Beginne auf der vierten Saite, 5. Bund, und spiele drei Noten aufwärts in Form 1, bis du im 5. Bund bist. Spiele mit dem dritten Finger einen Slide zum 7. Bund, und dann mit dem ersten Finger den 6. Bund auf der zweiten Saite und setze die Tonleiter nach oben fort.

Beispiel 6a:

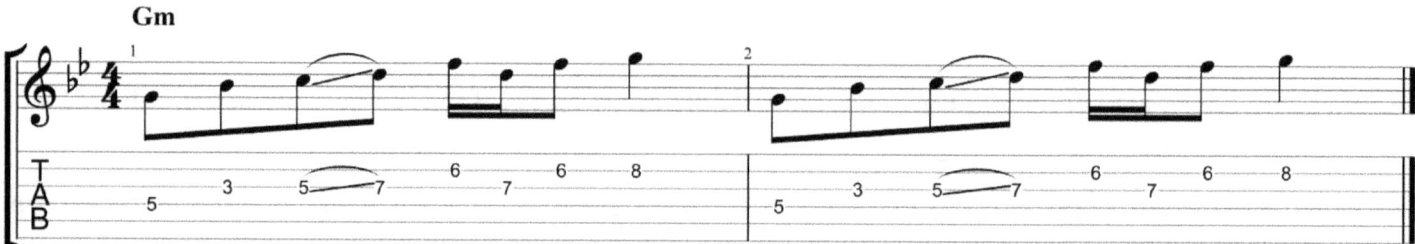

Diesmal wollen wir auf der zweiten Saite aufsteigen. Beginne wieder auf der vierten Saite, aber gehe diesmal die Tonleiter hinauf zur zweiten Saite und slide vom 6. bis zum 8. Bund.

Beispiel 6b:

Beginne dann am 3. Bund der zweiten Saite und slide vom 6. zum 8. Bund der ersten Saite.

Beispiel 6c:

Du brauchen mich nun nicht mehr, um jede Übung in Worten zu beschreiben, also schaue dir die Notation genau an und achte darauf, wo du Slides bei diesen absteigenden Ideen einfügen musst.

Beispiel 6d:

Beispiel 6e:

Jetzt, wo du anfängst zu verstehen, wie diese musikalischen Pfade funktionieren, versuche eine Möglichkeit zu finden, zwischen den Formen auf jeder Saite auf- und abzusteigen. Lege den langsamen Backing Track in G auf und hab Spaß daran, kleine Melodien zu komponieren, die sich sanft zwischen den Formen bewegen.

Es ist gut, diese Wege zwischen den Skalen logisch zu erkunden, aber die wirkliche Magie entsteht, wenn du anfängst, dich zwischen den Licks in jeder Form zu bewegen. Das folgende Beispiel kombiniert zwei Licks, die du zuvor gelernt hast.

Beispiel 6f:

Hier ist eine Idee, die von Form 2 zu Form 1 absteigt, wobei auch Licks aus früheren Kapiteln verwendet werden. Es gibt keinen richtigen oder falschen Weg, zwischen den Formen zu wechseln, solange die Melodie glatt ist.

Beispiel 6g:

Wenn du die beiden vorherigen Beispiele in den Fingern hast, möchte ich, dass du den Backing Track auflegst und übst, zwischen den Licks in Form 1 und Form 2 (und umgekehrt) mit Slides zu wechseln. Die Bewegungen könnten anfangs etwas wackelig sein, aber je mehr du daran arbeitest, desto sicherer wirst du werden. Mache dir keine Sorgen, wenn du die Licks nicht Note für Note spielst - es ist sogar besser, zu improvisieren, wenn du kannst -, aber du solltest dich darauf konzentrieren, dich sauber zwischen den Formen zu bewegen, ohne Lücken in deinen melodischen Phrasen.

Wenn ich dir jede einzelne Bewegung zwischen jedem einzelnen Paar von Skalenformen beibringen würde, wäre dieses Buch schnell dick genug, um ein Schlachtschiff zu versenken - und es ist wirklich besser für dich, die Bewegungen zwischen den Formen selbst zu erforschen, weil sie sich dadurch in deinem Gedächtnis festsetzen werden.

In den nächsten Beispielen gebe ich dir zwei aufsteigende Routen zwischen jedem Paar von Formen und ein Lick, das sie nahtlos miteinander verbindet. Um die absteigenden Routen zu lernen, kannst du die aufsteigende Route einfach rückwärts spielen. Zusammen mit diesen Beispielen füge ich das Diagramm der beiden Formen bei, so dass du Zeit damit verbringen kannst, deine eigenen Wege zu finden, indem du zum Backing Track mitspielst.

Es ist wichtig, dass du Zeit damit verbringst, deine eigenen Linien zu improvisieren, die zwischen jedem Form-Paar auf- und absteigen, denn das ist der Punkt, an dem der eigentliche Lernprozess stattfindet. Wenn du nicht sicher bist, was du spielen sollst, nimm ein Lick für jede Form aus den früheren Kapiteln und finde einen Weg, es mit einem Slide zwischen den Formen zu verbinden. Die Licks müssen nicht perfekt ineinander übergehen, aber du solltest versuchen, ein Lick zu spielen und dann selbstbewusst in die nächste Form zu gleiten, bevor du dort ein neues Lick spielst. Mit der Zeit wird dieser Prozess reibungsloser ablaufen und du wirst immer sicherer werden.

Verbinden der Formen 2 und 3

Lernen wir nun die Pfade zwischen den Formen 2 und 3 kennen.

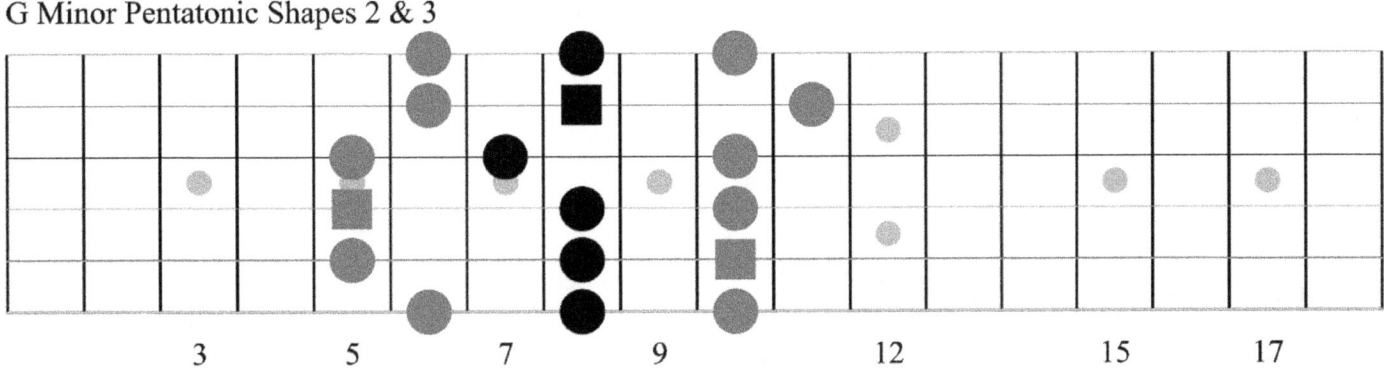

Beispiel 6h:

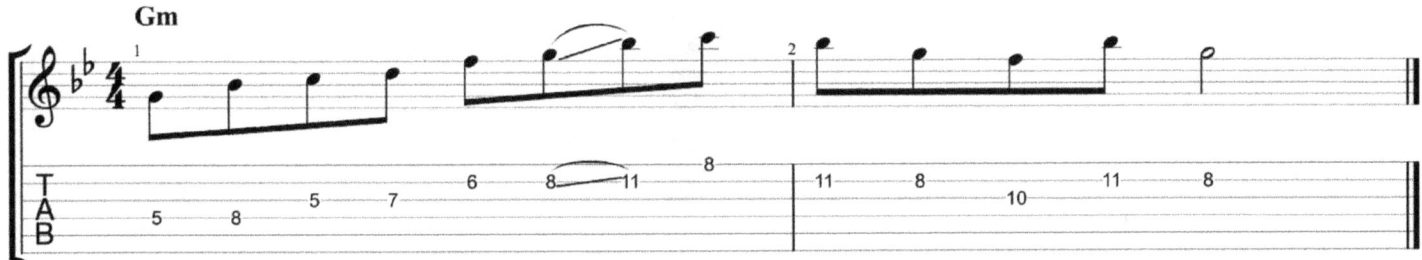

Beispiel 6i:

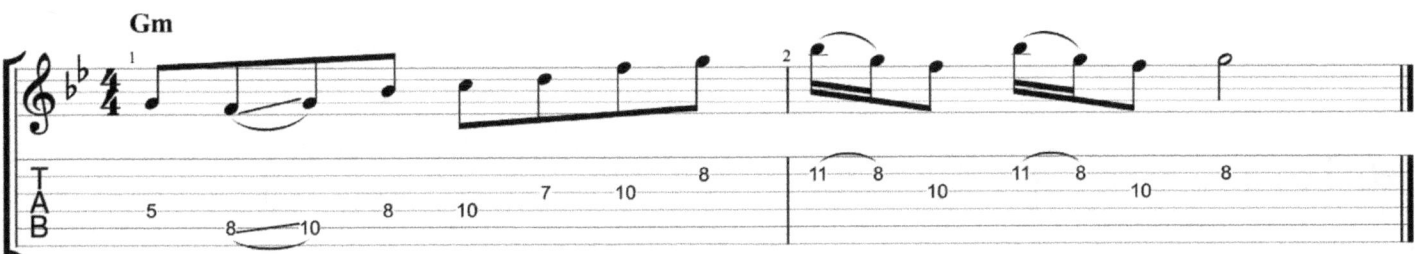

Beispiel 6j:

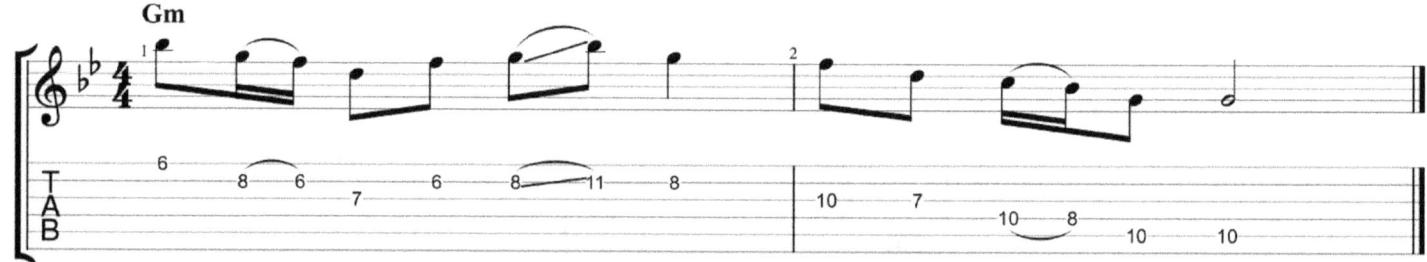

Verbinden der Formen 3 und 4

Hier ist die Karte, mit der du zwischen den Formen 3 und 4 wechseln kannst.

G Minor Pentatonic Shapes 3 & 4

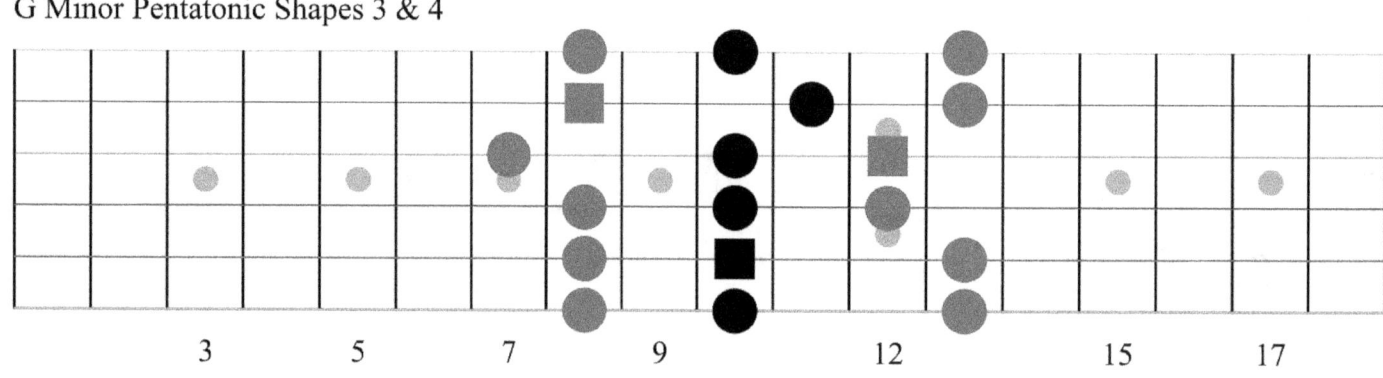

Hier sind zwei aufsteigende Pfade und ein Beispiel für die Bewegung zwischen den Formen mit zwei Licks, die durch Slides verbunden sind.

Beispiel 6k:

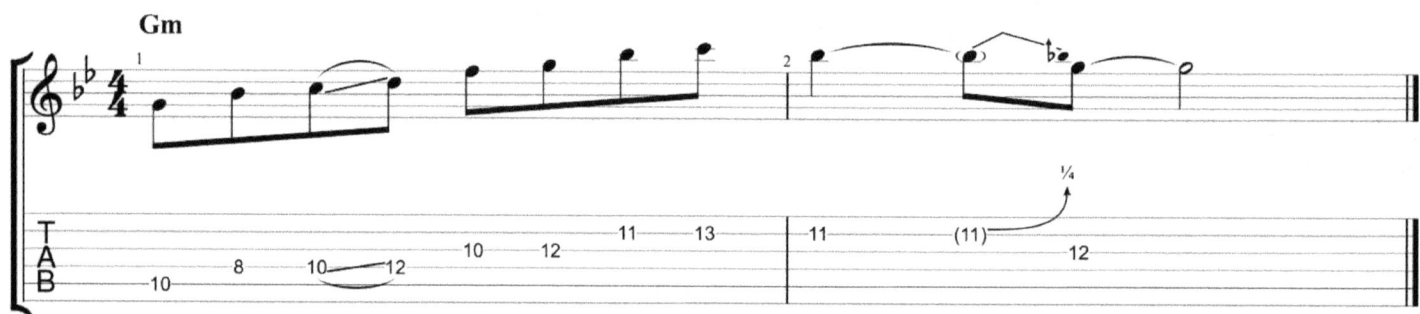

Beispiel 6l:

Beispiel 6m:

Verbinden der Formen 4 und 5

Hier ist die Karte, die dir hilft, die nützlichsten Wege zwischen den Formen 4 und 5 zu finden.

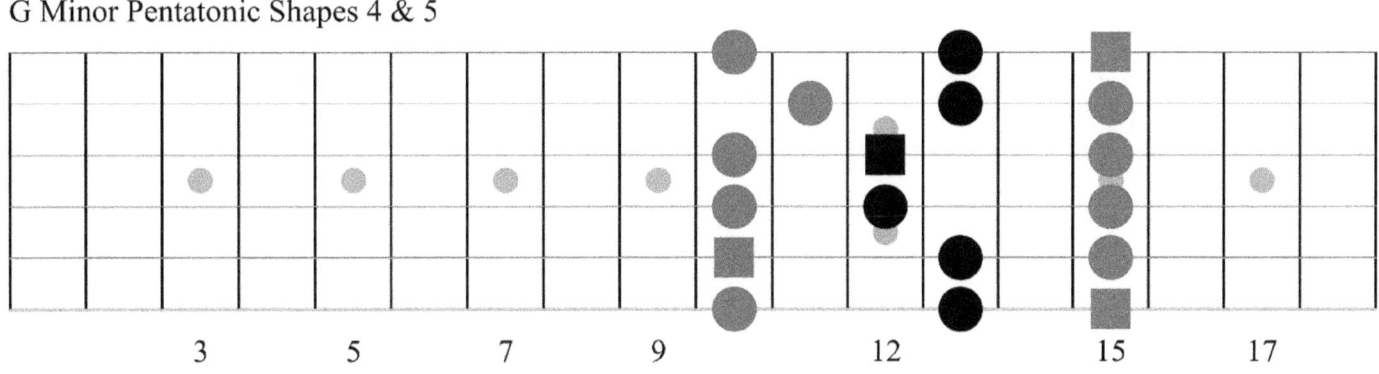

Lerne die folgenden aufsteigenden Muster auswendig und spiele sie dann rückwärts, um absteigende Bewegungen zu erzeugen. Arbeite daran, bis du keinen Fehler mehr machst, bevor du das Lick lernst, das die beiden Formen miteinander verbindet. Wenn du bereit bist, beginne damit, deine eigenen Linien zu improvisieren, die sich zwischen den Formen auf und ab bewegen.

Beispiel 6n:

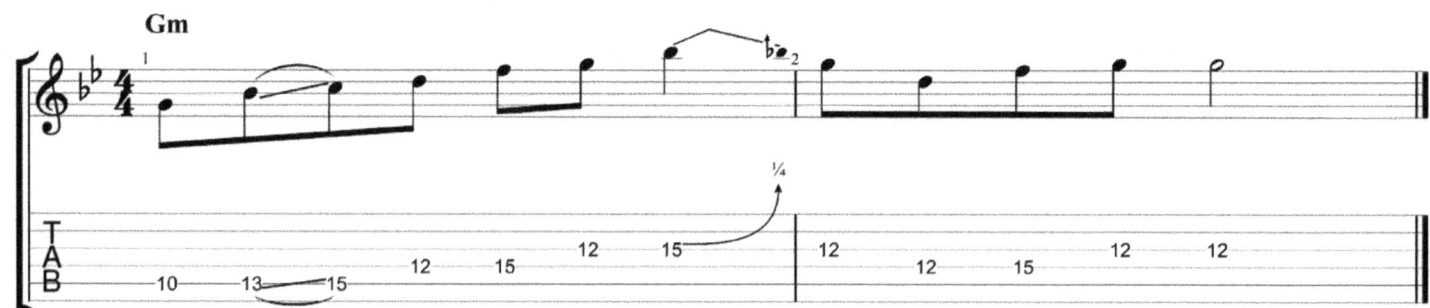

Beispiel 6o:

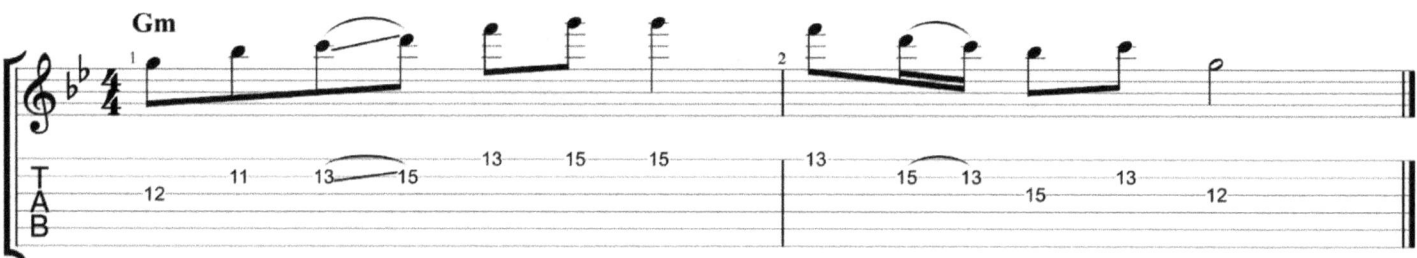

Beispiel 6p:

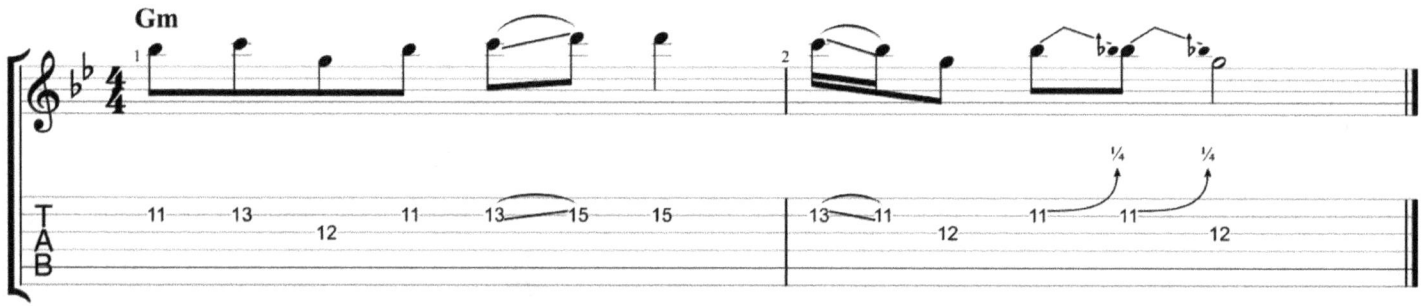

Verbinden der Formen 5 und 1

Zum Schluss noch die Karte, die Form 5 mit Form 1 verbindet, und den Kreis wieder schließt!

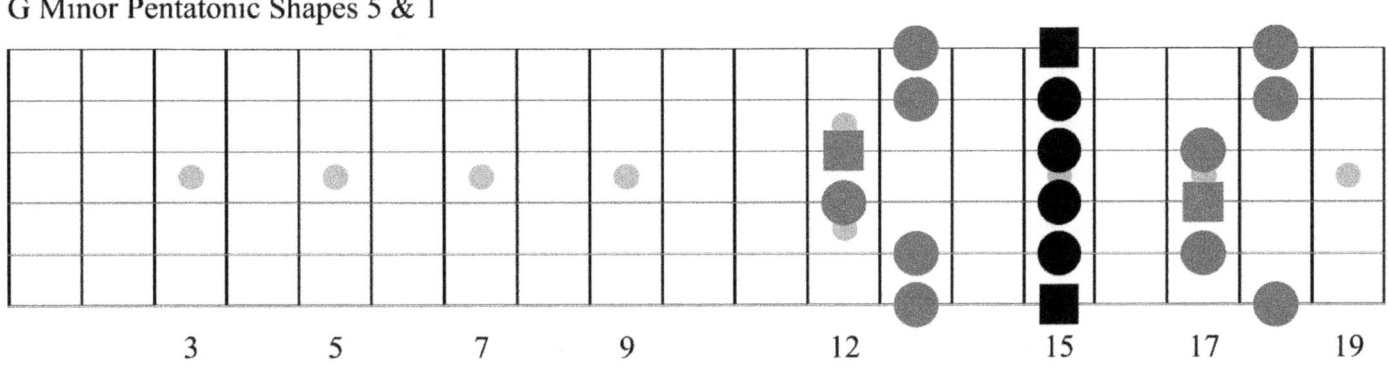

Hier sind zwei nützliche aufsteigende Bewegungen zwischen den Formen. Vergiss nicht, sie auch rückwärts zu lernen!

Beispiel 6q:

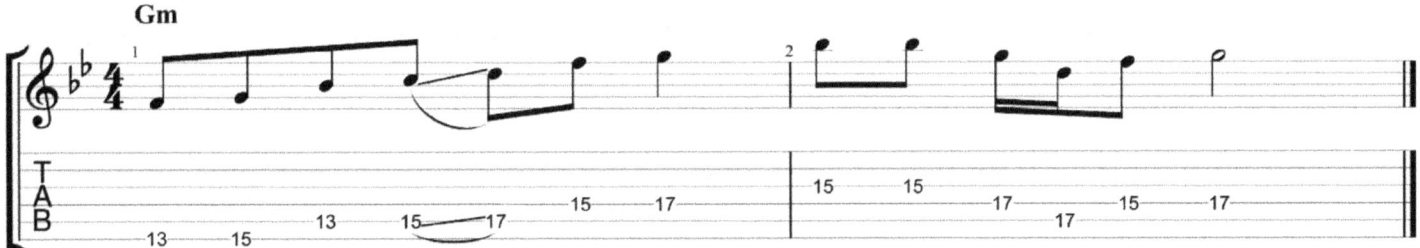

Beispiel 6r:

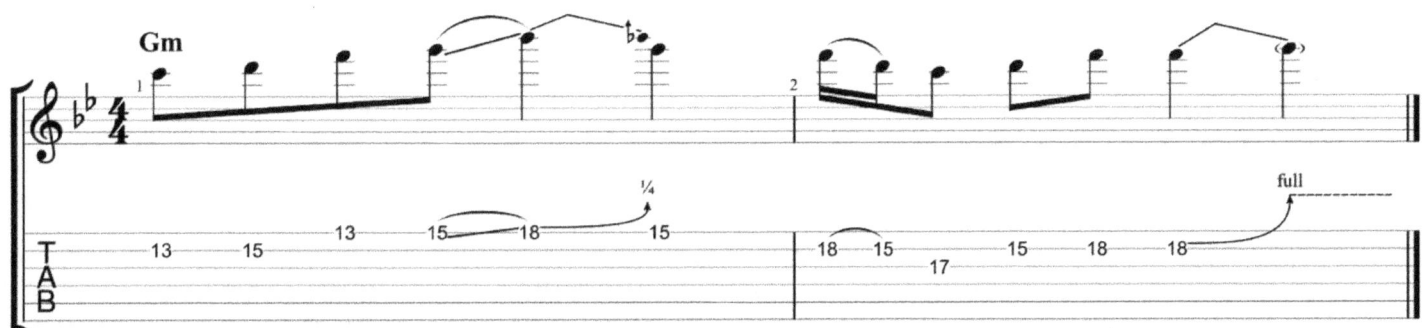

Zum Schluss noch ein Lick, das in Form 5 beginnt und zu Form 1 übergeht.

Beispiel 6s:

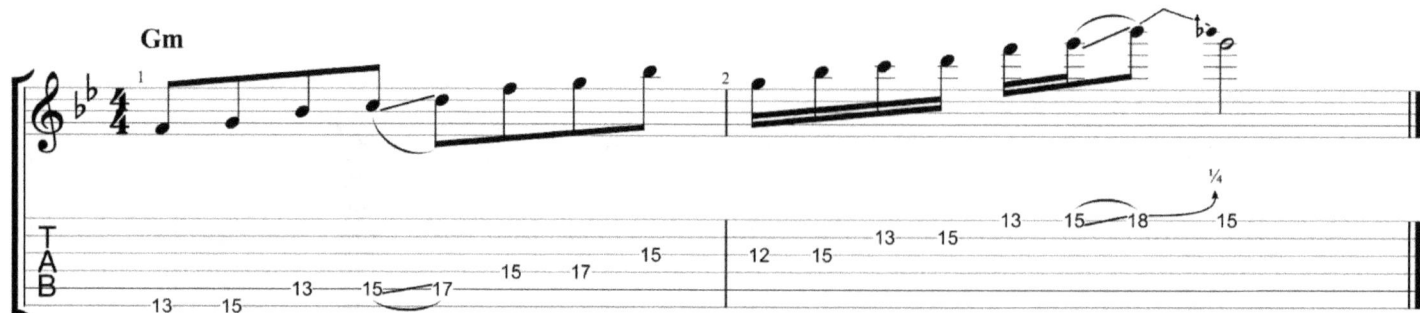

Übe diese Linien wie immer zusammen mit dem langsamen Backing Track in G, und verwende die Licks in den Kapiteln 1-5 als Ausgangspunkt für deine Improvisation. Beginne mit einem beliebigen Lick in der unteren Form, finde einen Weg, daraus in die höhere Form zu gleiten und spiele dann dort ein zweites Lick.

Natürlich solltest du den Prozess umkehren und auch Licks in der höheren Form spielen, die in die niedrigere Form übergehen.

Mach dir keine Sorgen, wenn du für dieses Kapitel ein paar Wochen brauchst. Es braucht Zeit, um die Fähigkeit zu entwickeln, zwischen verschiedenen Tonleiterformen auf dem Gitarrenhals hin und her zu wechseln.

Wenn du bereit bist, gehe zum nächsten Kapitel über, in dem du lernst, *drei* pentatonische Tonleiterformen reibungslos zu verbinden und einen großen Bereich des Griffbretts mit fließenden musikalischen Linien zu überziehen.

Kapitel Sieben - Bewegung zwischen drei Formen

Jetzt, da du dich sicher zwischen zwei Formen bewegen kannst, wollen wir den Bereich, der dir zur Verfügung steht, vergrößern, indem wir drei Formen kombinieren.

Diesmal gebe ich dir drei Wege vor, um durch die Formen aufzusteigen, die du umkehren kannst, um wieder abzusteigen.

Ich werde dir auch zwei Licks zeigen, die sich durch die Patterns bewegen, entweder indem du mit Slides zwischen Licks aus den Kapiteln 1-5 hinaufgleitest oder indem du eine neue melodische Idee schreibst, die auf natürliche Weise zwischen allen drei Formen fließt.

Verbinden der Formen 1, 2 und 3

Beginnen wir damit, die Formen 1, 2 und 3 zu kombinieren. Hier ist die Karte, aber mittlerweile solltest du das auch können ohne hinzusehen.

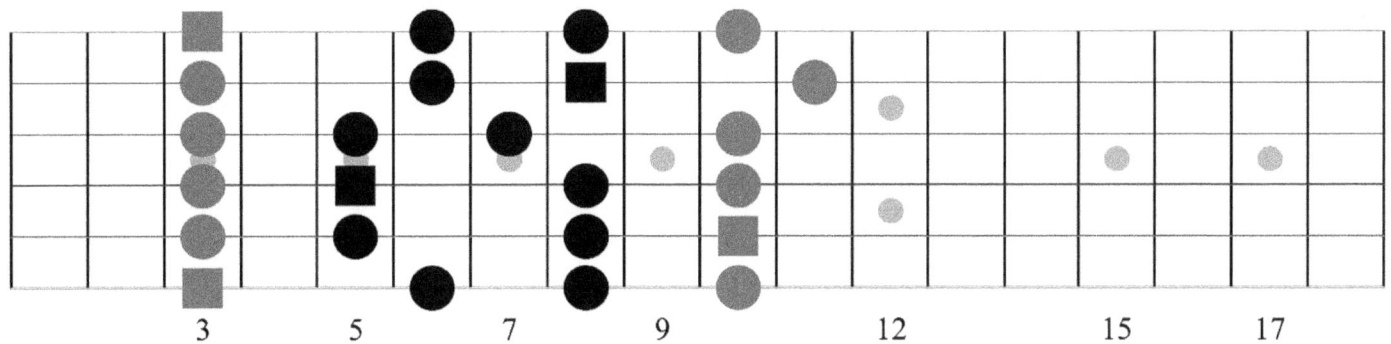

Beispiel 7a:

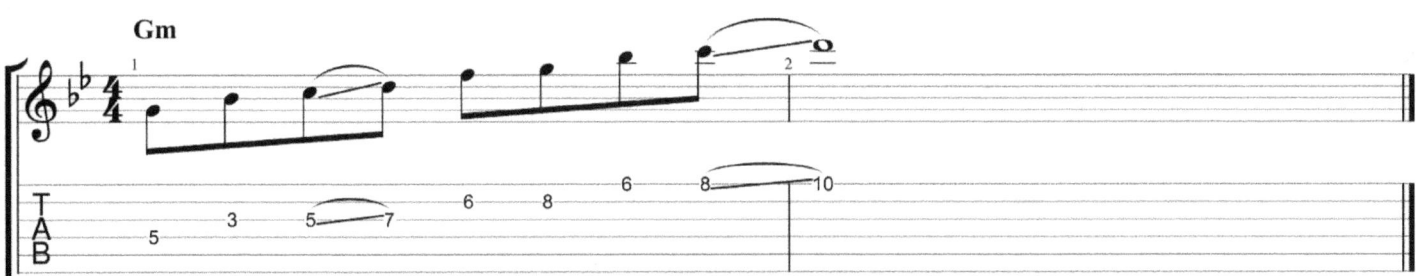

Beispiel 7b:

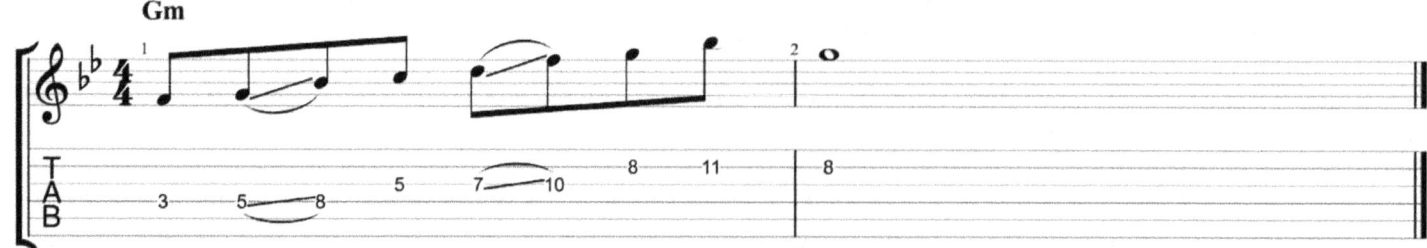

Beispiel 7c:

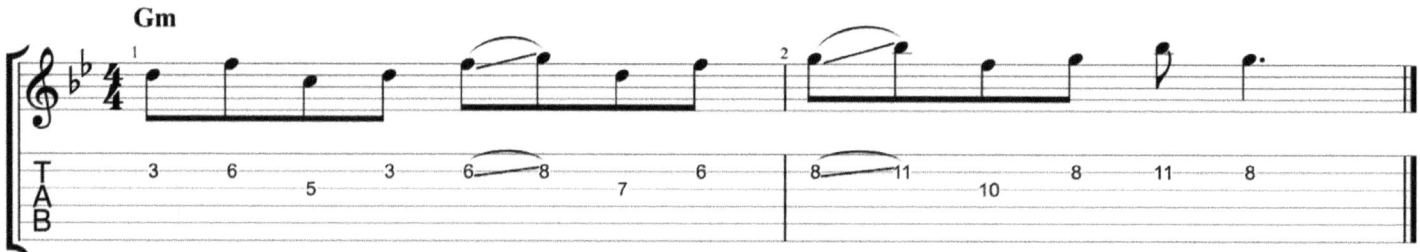

Beispiel 7d:

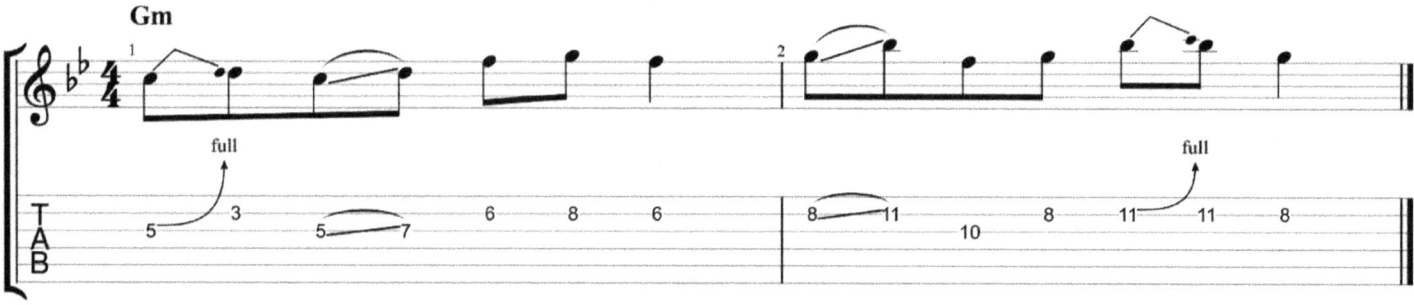

Beispiel 7e:

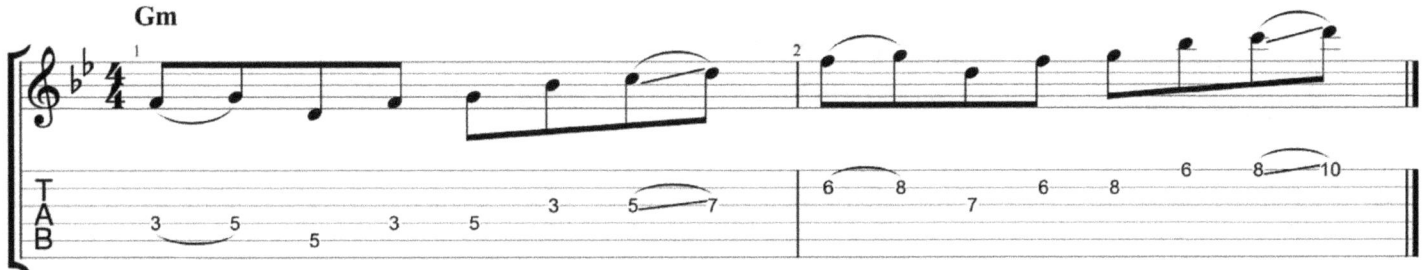

Verbinden der Formen 2, 3 und 4

Wiederholen wir dies für die Kombination der Formen 2, 3 und 4.

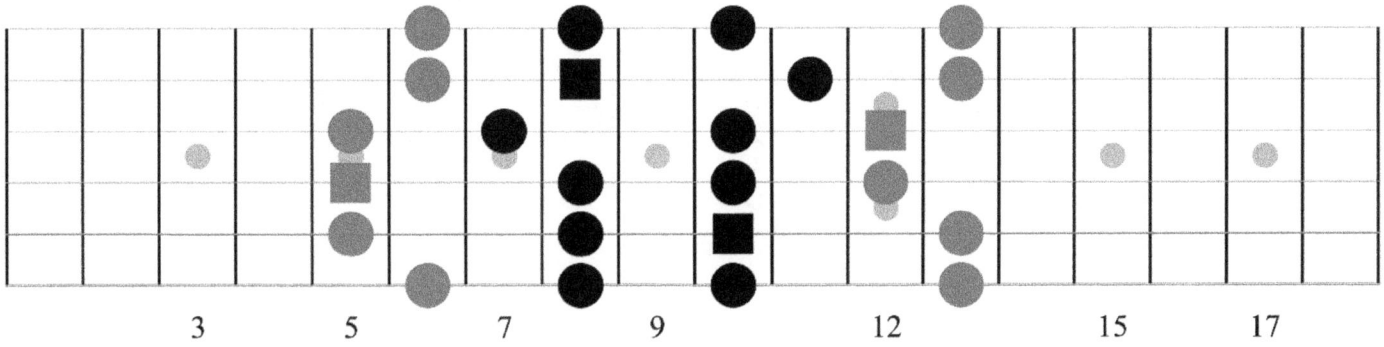

Beispiel 7f:

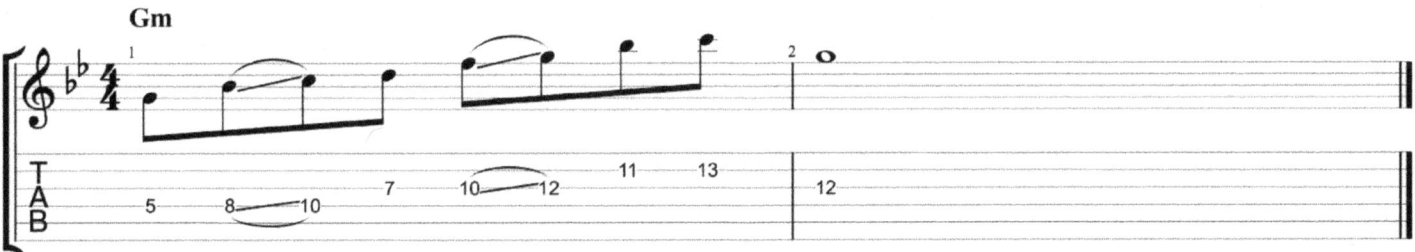

Beispiel 7g:

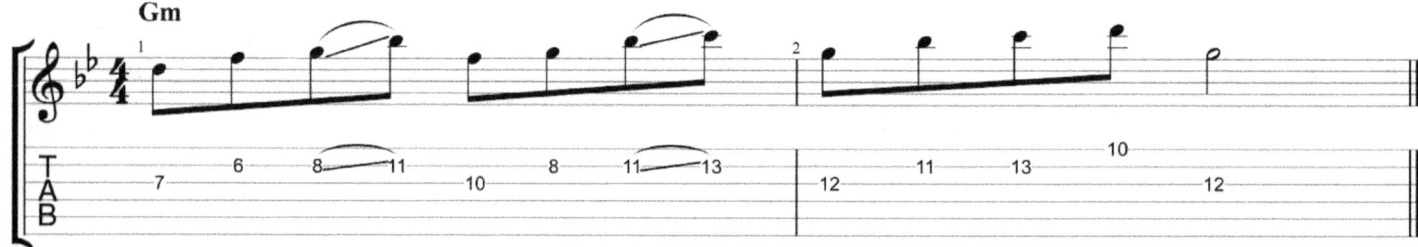

Beispiel 7h:

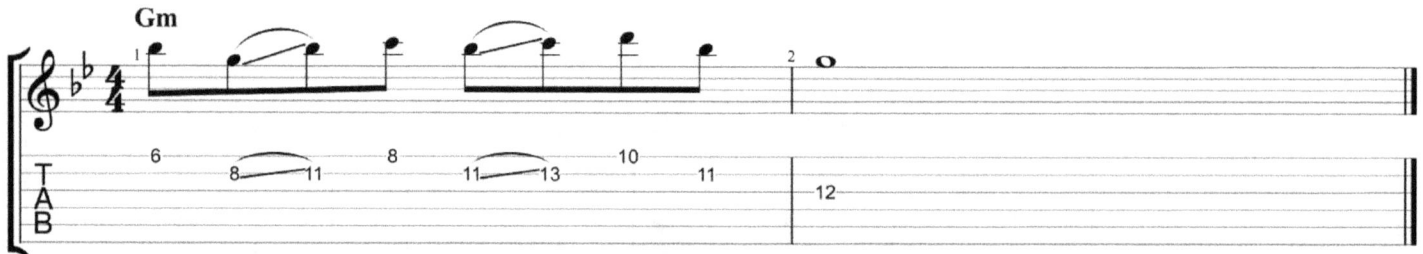

Beispiel 7i:

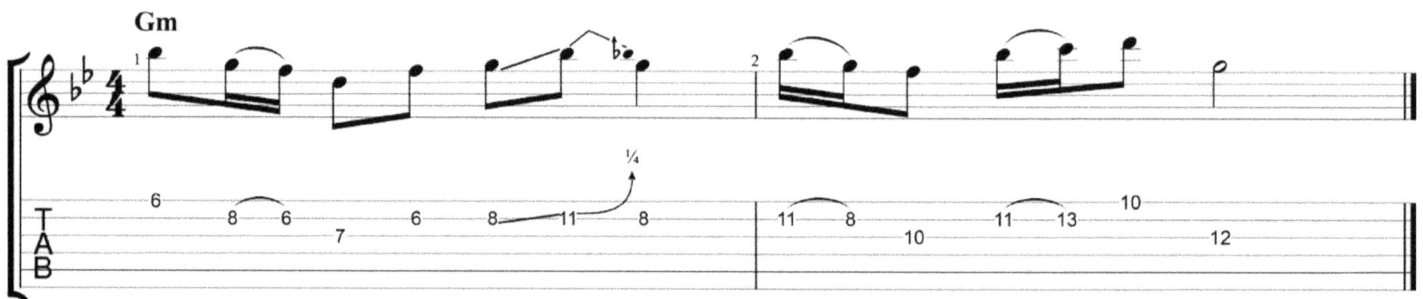

Beispiel 7j:

Verbinden der Formen 3, 4 und 5

Gehe nun dazu über, die Formen 3, 4 und 5 zu kombinieren. Vergiss nicht, die Pfade auch rückwärts zu lernen, und verbringe Zeit damit, mit jeder Gruppe von Formen zu jammen. Lerne, deine eigenen Melodien zu kreieren, die von Form 5 bis zu Form 3 absteigen.

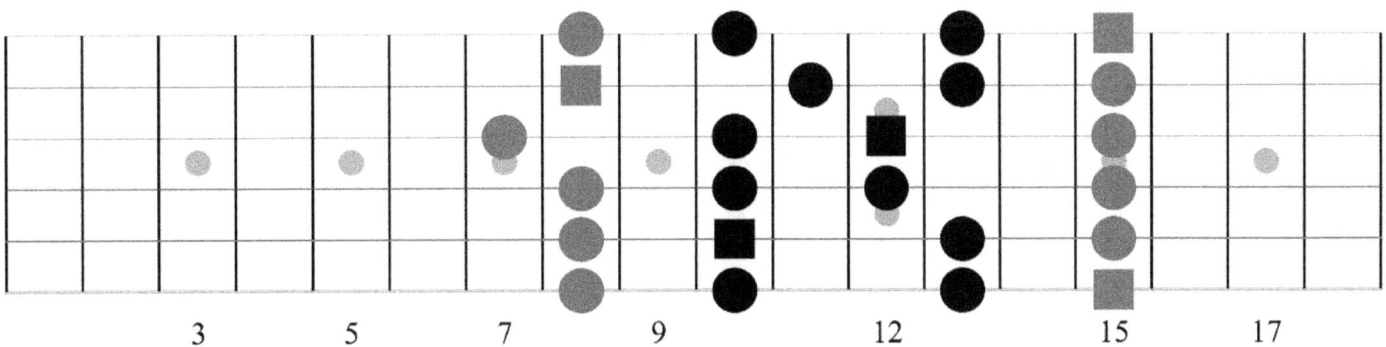

Beispiel 7k:

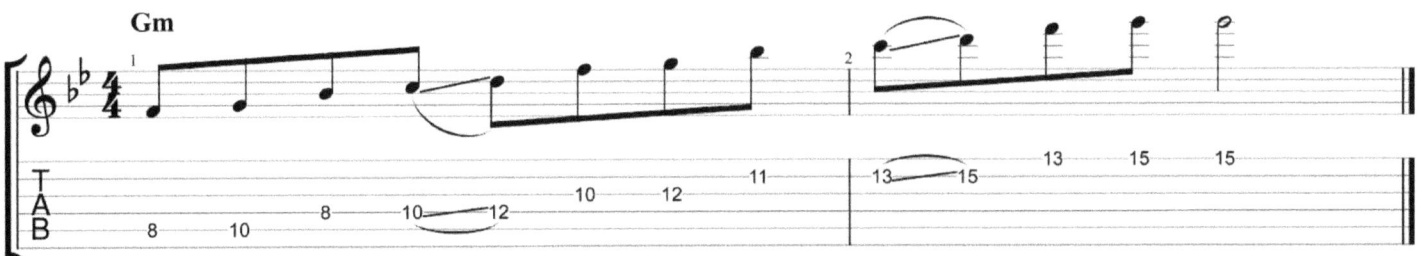

Beispiel 7l:

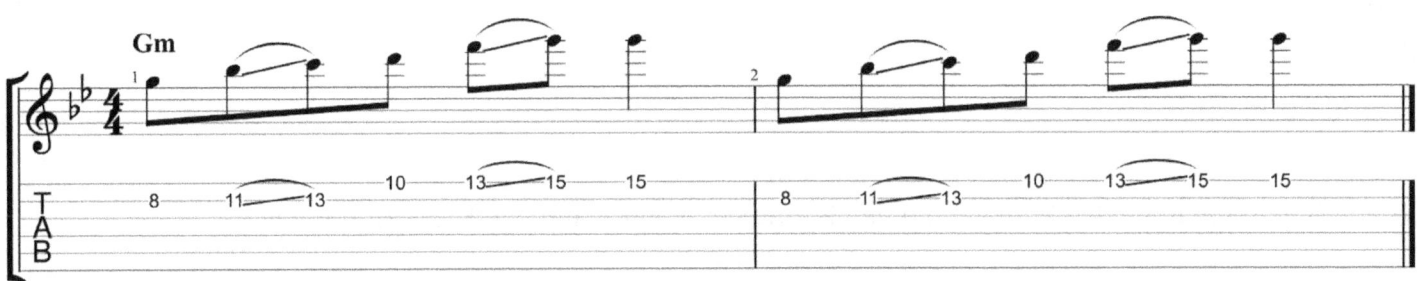

Beispiel 7m:

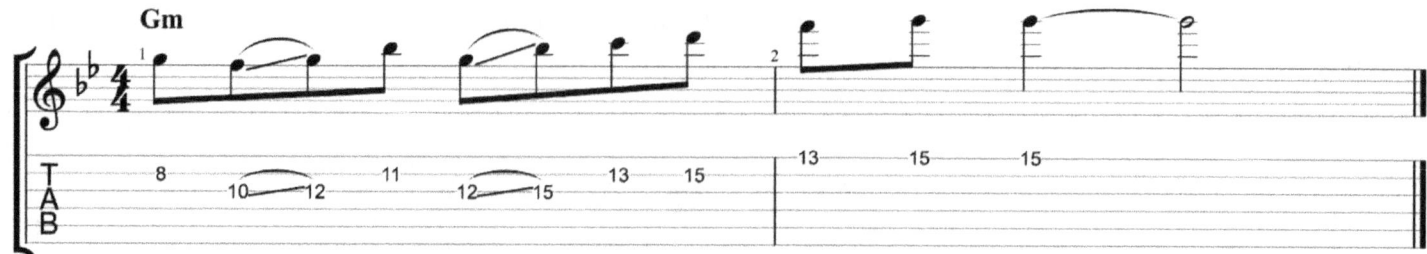

Beispiel 7n:

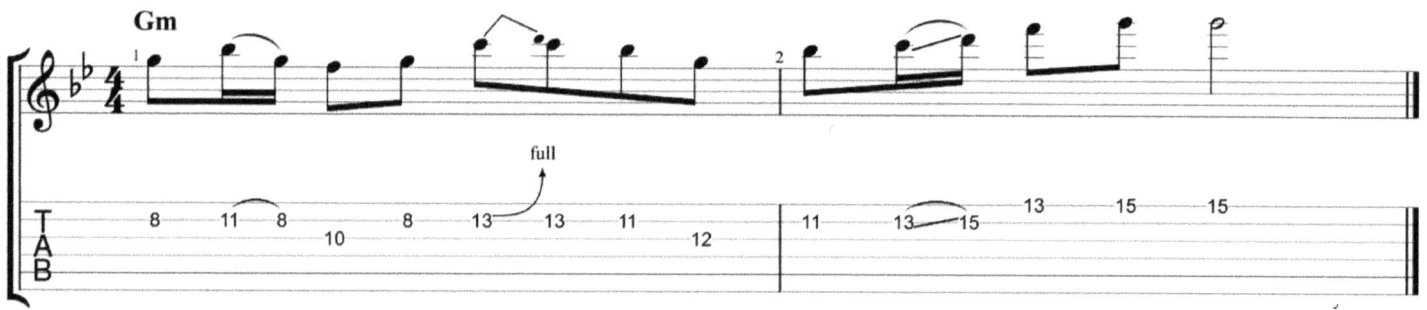

Beispiel 7o:

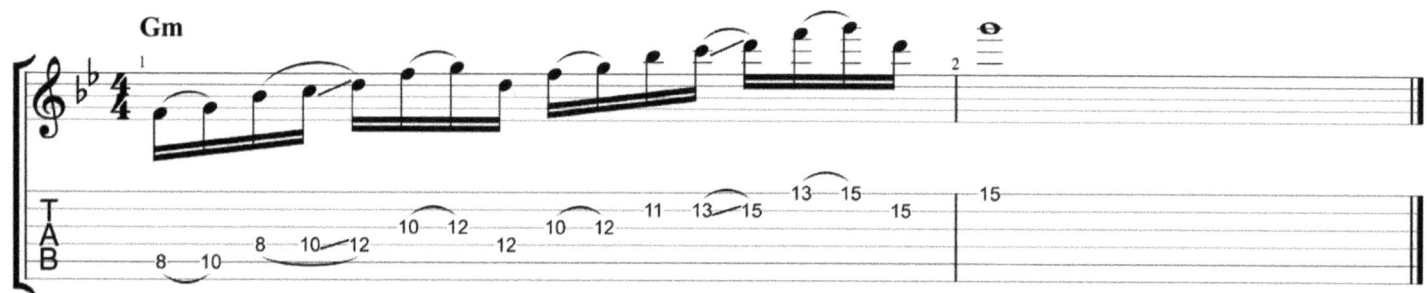

Wiederhole schließlich den Vorgang mit den Formen 4, 5 und 1, um den Kreis zu schließen.

Verbinden der Formen 4, 5 und 1

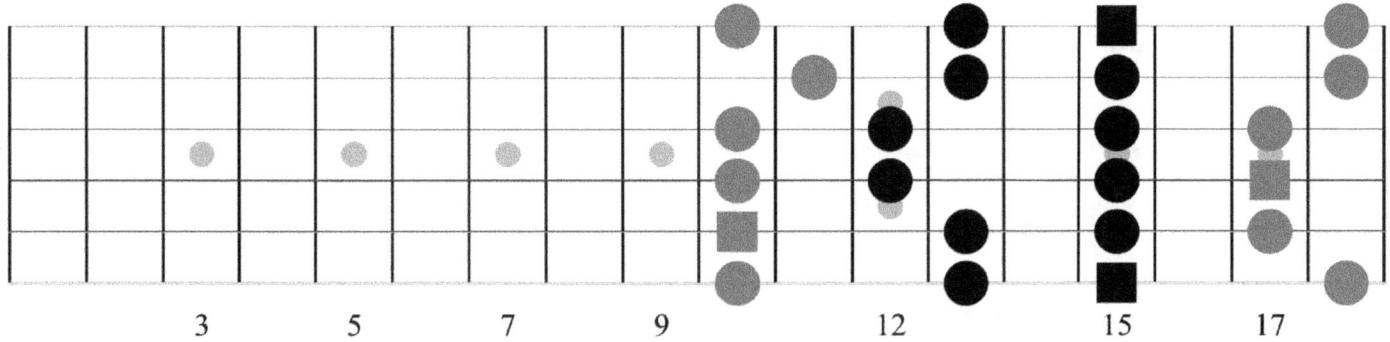

Beispiel 7p:

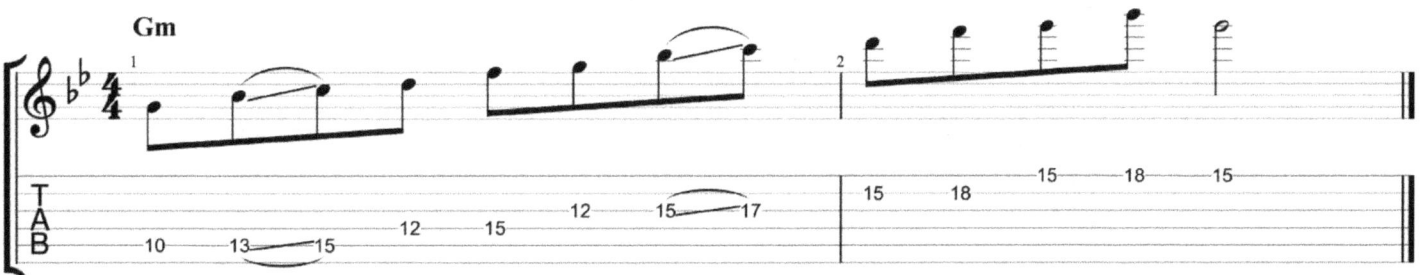

Beispiel 7q:

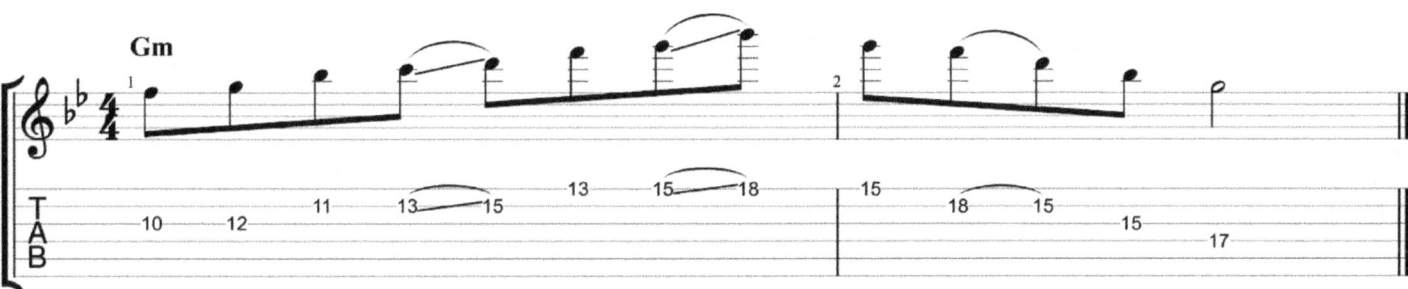

Beispiel 7r:

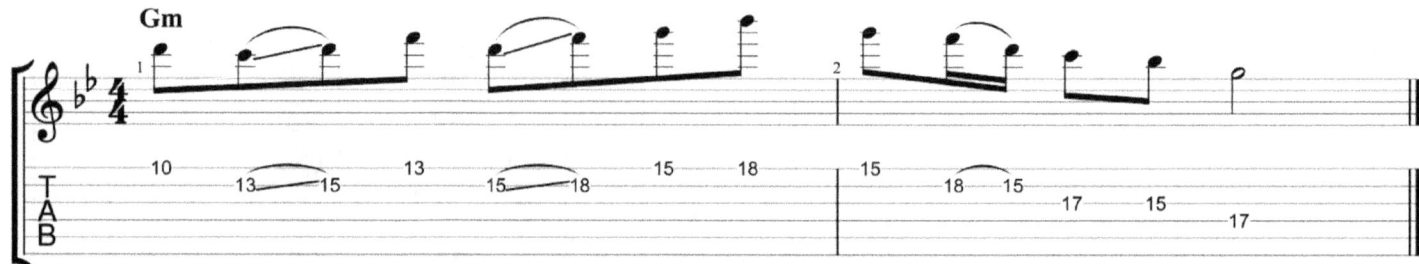

Beispiel 7s:

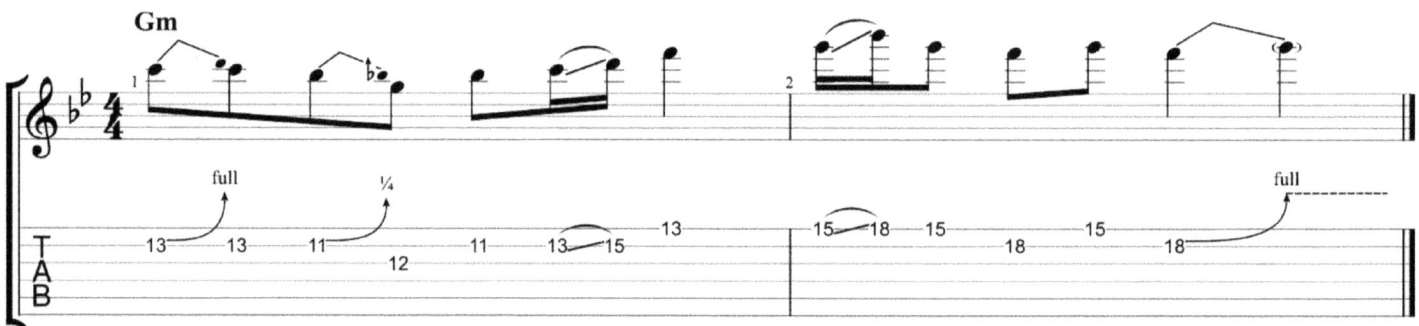

Beispiel 7t:

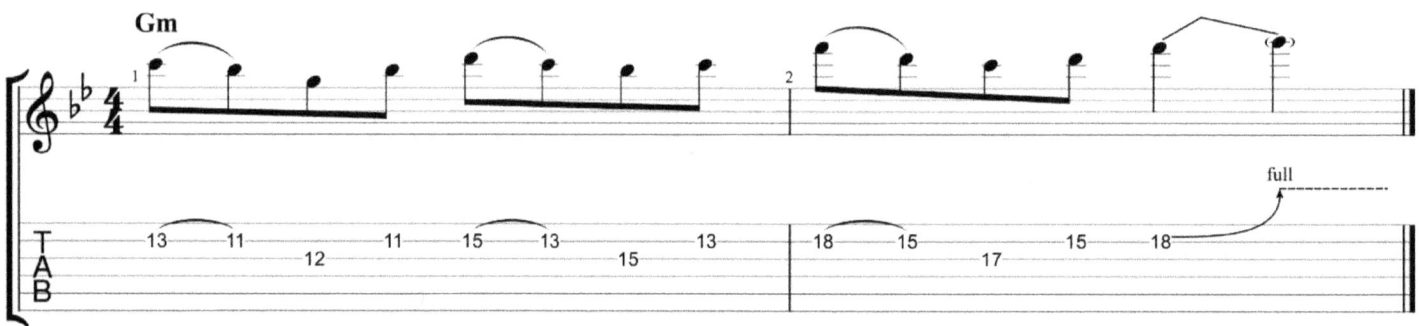

Wie immer solltest du diese Beispiele langsam und isoliert lernen und versuchen, so schnell wie möglich nicht mehr auf die Karte zu schauen. Jamme so bald wie möglich mit dem langsamen Backing Track und konzentriere dich darauf, deine eigenen melodischen Wege durch die Formen zu finden. Benutze alle Licks, die du in jeder Position kennst, und verbringe Zeit damit, Slides hinzuzufügen, die dir helfen, dich zwischen den einzelnen Formen zu bewegen.

Im nächsten Kapitel lernst du, vier Formen zu kombinieren, um die vollständige Kontrolle darüber zu erlangen, wo du auf dem Griffbrett spielst.

Kapitel Acht - Bewegung zwischen vier Formen

Um ehrlich zu sein, hast du die meiste harte Arbeit bereits geleistet! In den beiden vorangegangenen Kapiteln hast du dich bereits viele Male zwischen allen Formen bewegt. In diesem Abschnitt werden wir das, was du bereits weißt, weiter ausbauen, aber du solltest jetzt keine allzu großen Probleme mehr haben.

Verbinden der Formen 1, 2, 3 und 4

Lass uns gleich loslegen und uns von Form 1 bis Form 4 hocharbeiten. Auch hier habe ich drei Pfade und zwei Licks für den Anfang beigefügt, aber ich bin mir sicher, dass du bereits deine Lieblingsrouten gefunden hast.

Lerne die Pfade isoliert und spiele dann mit dem Backing Track.

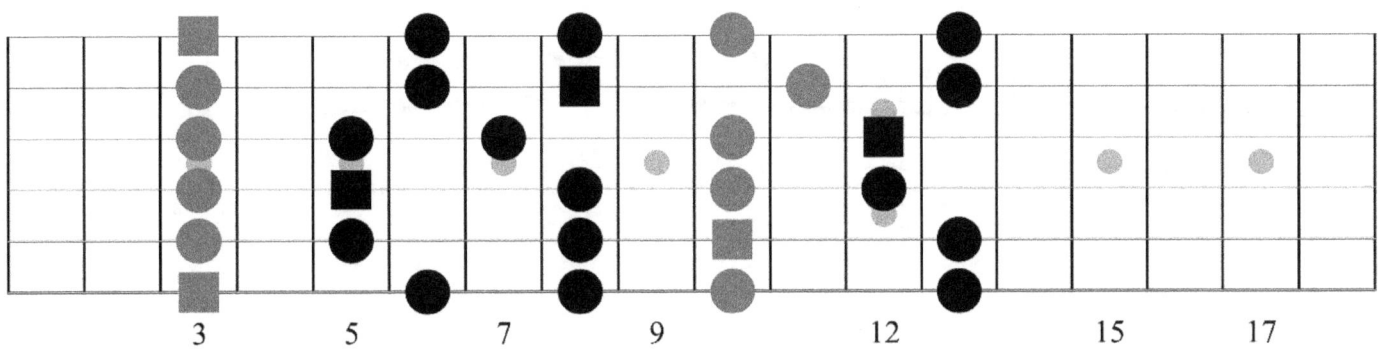

Beispiel 8a:

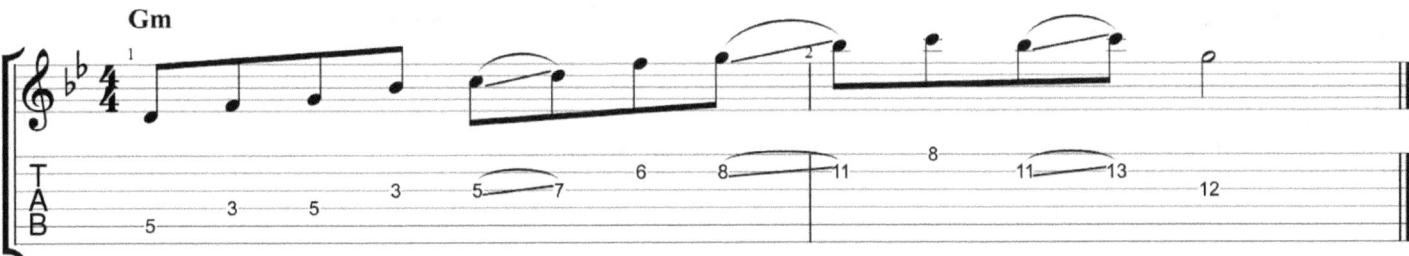

Beispiel 8b:

Beispiel 8c:

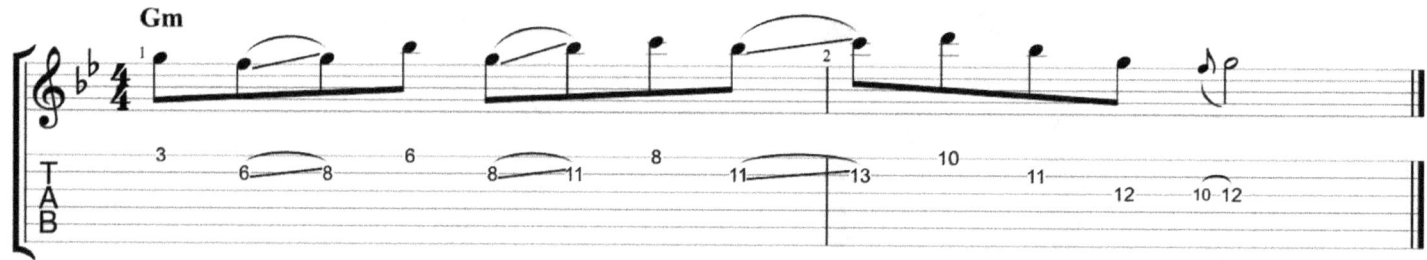

Beispiel 8d:

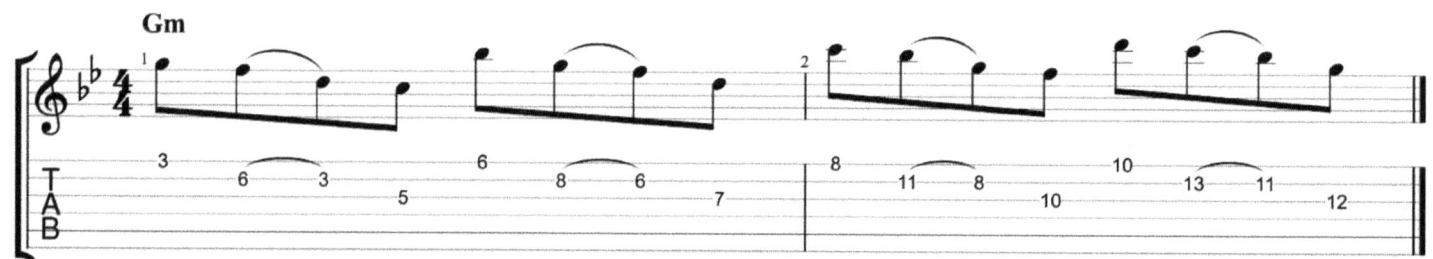

Beispiel 8e:

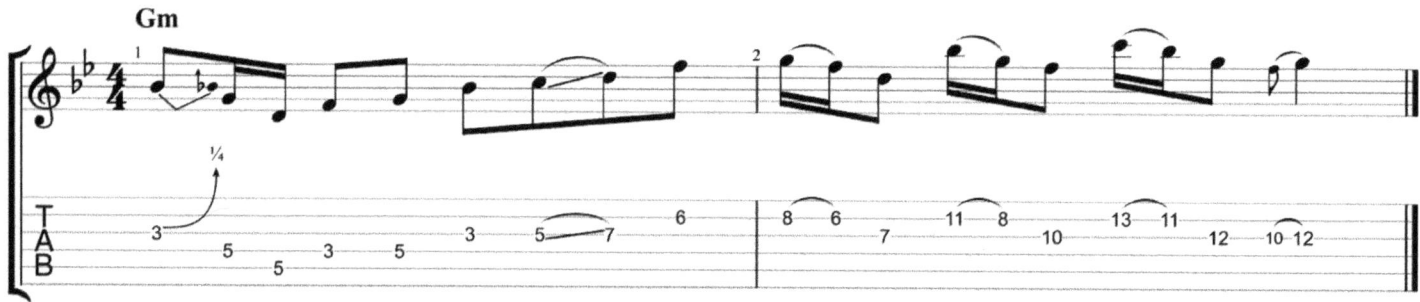

Verbinden der Formen 2, 3, 4 und 5

Lerne nun diese nützlichen Pfade von Form 2 bis Form 5 und schau, wie viele du selbst finden kannst.

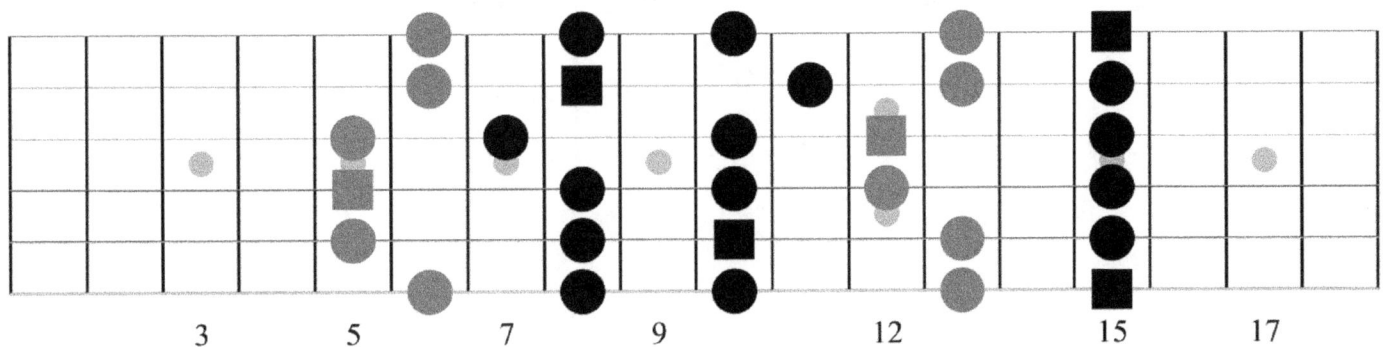

Beispiel 8f:

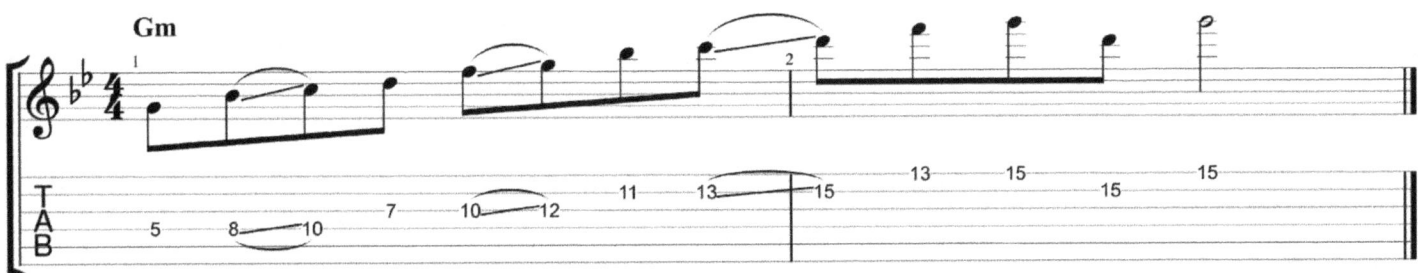

Beispiel 8g:

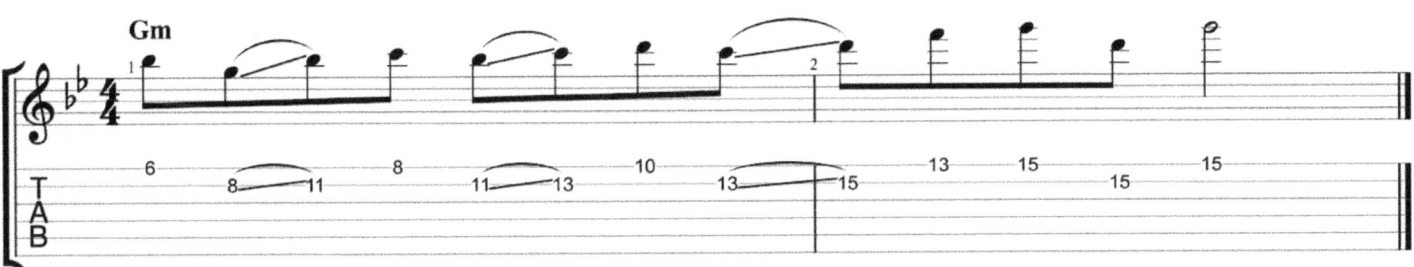

Beispiel 8h:

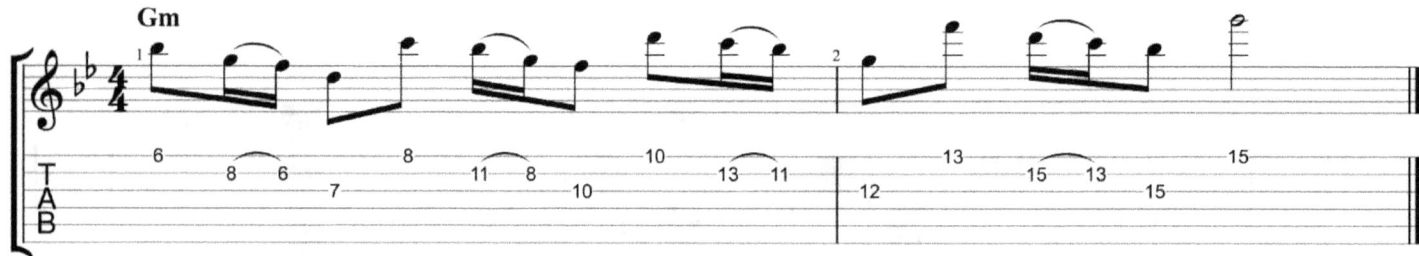

Beispiel 8i:

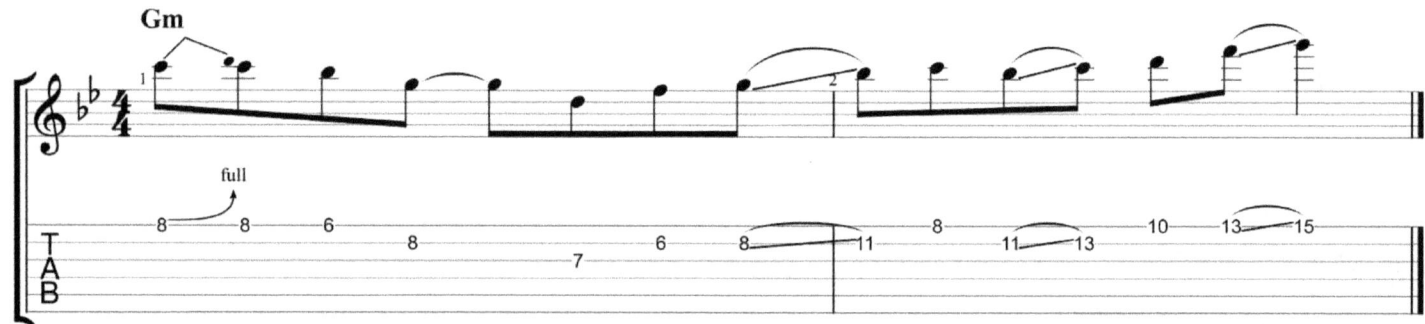

Beispiel 8j:

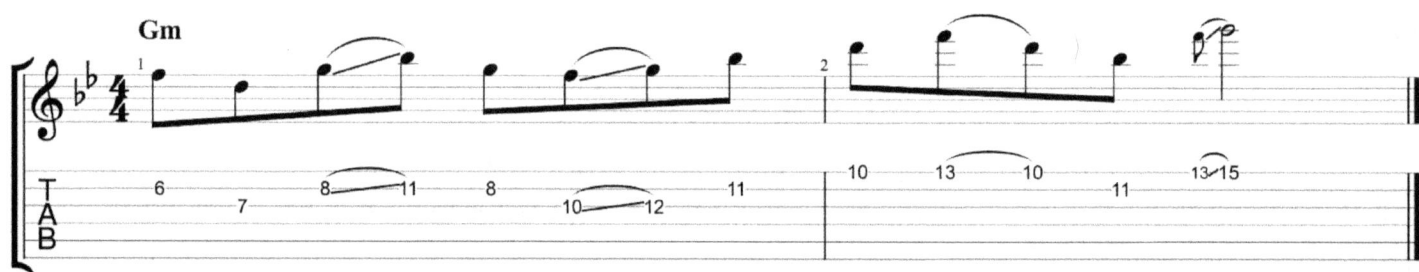

Verbinden der Formen 3, 4, 5 und 1

Beginne schließlich in Form 3 und gehe zu Form 1 über. Vergiss nicht, diese Pfade absteigend zu lernen.

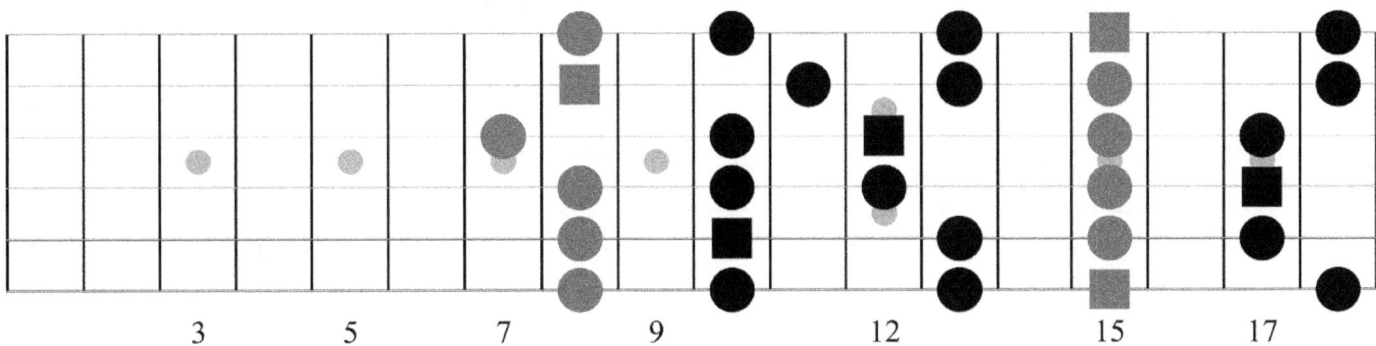

Beispiel 8k:

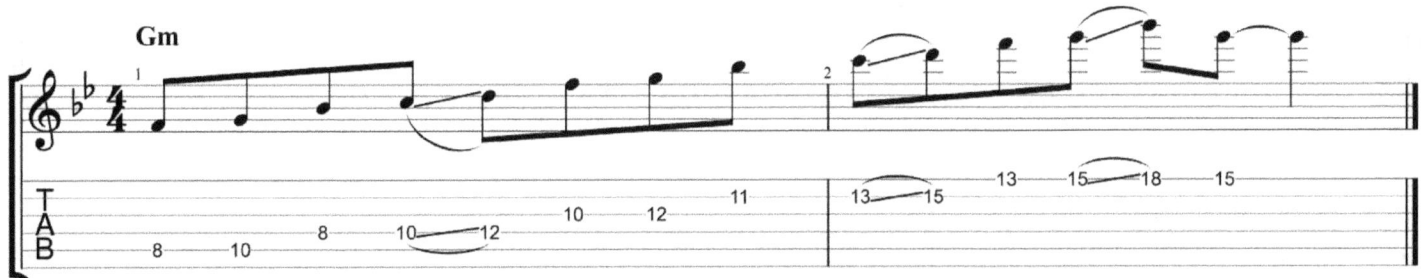

Beispiel 8l:

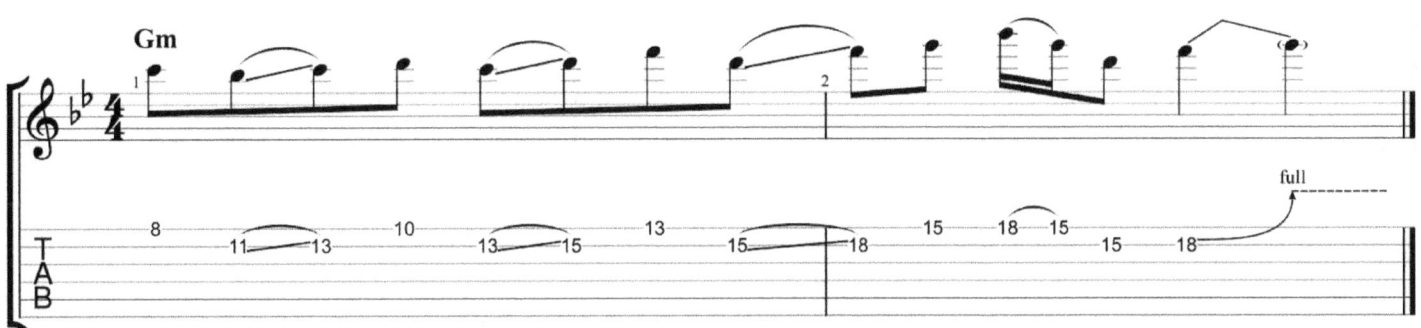

Beispiel 8m:

Beispiel 8n:

Beispiel 8o:

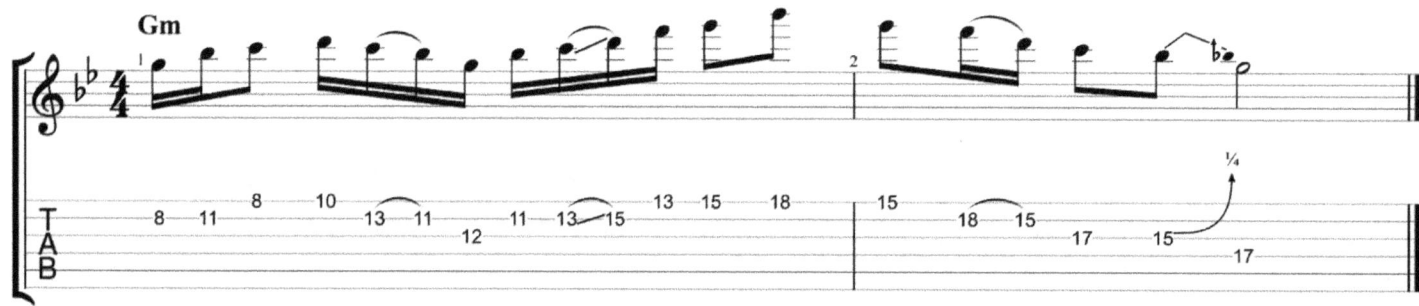

Kapitel Neun - Sich zwischen allen fünf Formen bewegen

Die letzte Phase besteht darin, alle fünf Formen in endlosen fließenden Bewegungen zu verbinden. Da du bereits das Bewegen zwischen sich überlappenden Blöcken von vier Formen beherrschst, solltest du nun keine Schwierigkeiten mehr haben, alle fünf Formen zu verbinden, also werden wir in diesem Abschnitt ein paar Variationen einführen, um dich auf Trab zu halten.

Das Griffbrett absteigen

Die ersten vier dieser viertaktigen Licks beginnen entweder in Form 1 oder Form 2 am oberen Ende des Halses und steigen melodisch ab, wobei das Vokabular des Rock-Solospiels verwendet wird. Du wirst Linien sehen, die in den einzelnen Formen aufsteigen, während sich die gesamte Linie allmählich den Hals hinunterarbeitet. Manche reichen sogar über die untere Form 1 hinaus bis zur Form 5 ganz unten auf der Gitarre.

Beispiel 9a:

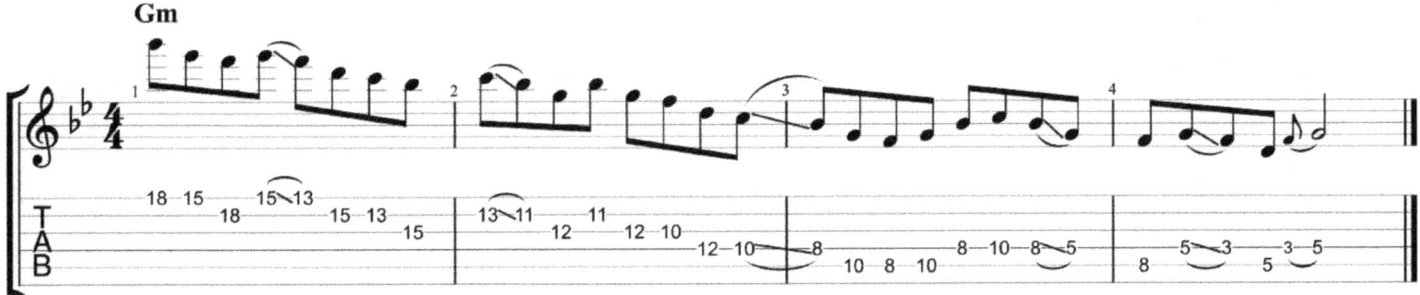

Beispiel 9b:

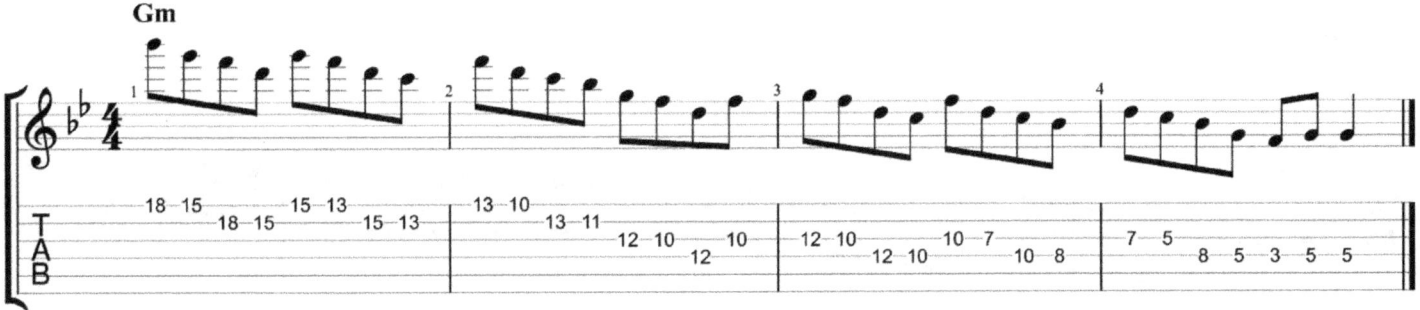

Beispiel 9c:

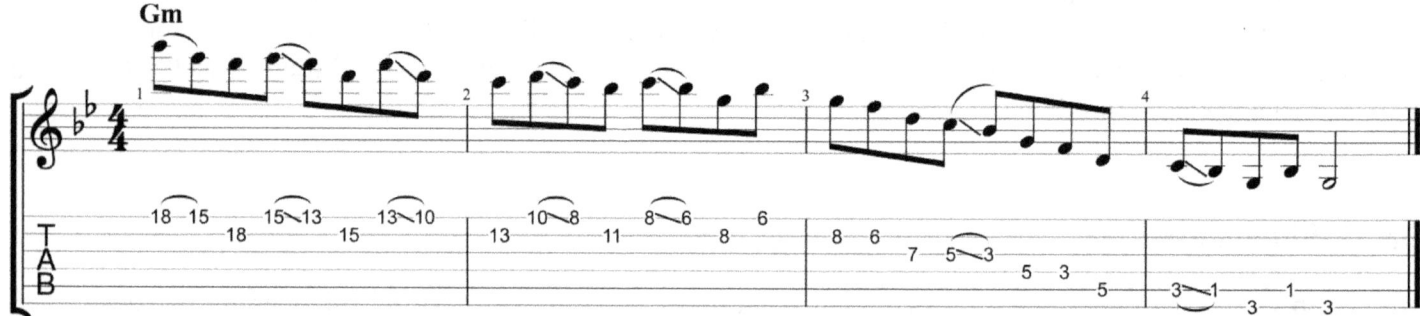

Beispiel 9d:

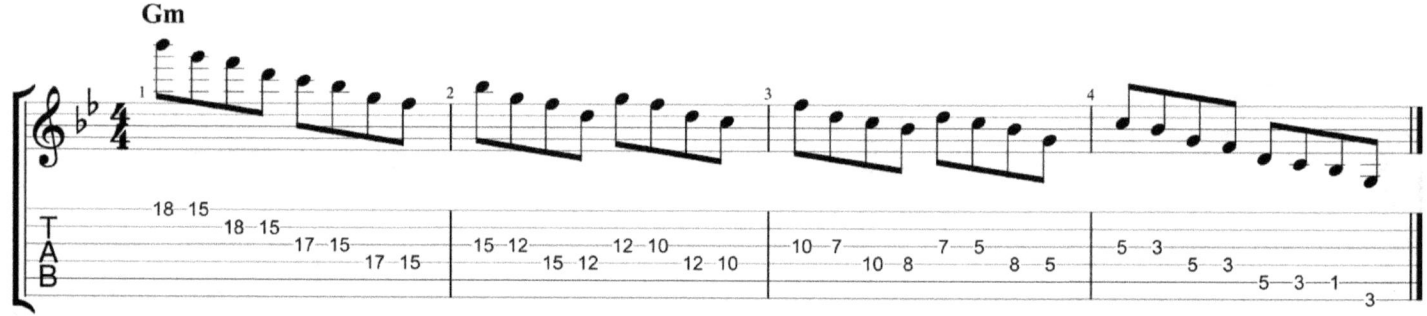

Das Griffbrett aufsteigen

Zum Schluss folgen vier viertaktige Licks, die von den untersten Formen der Gitarre das Griffbrett aufsteigen. Lerne sie auswendig und verwende sie als Grundlage für deine eigenen Improvisationen.

Beispiel 9e:

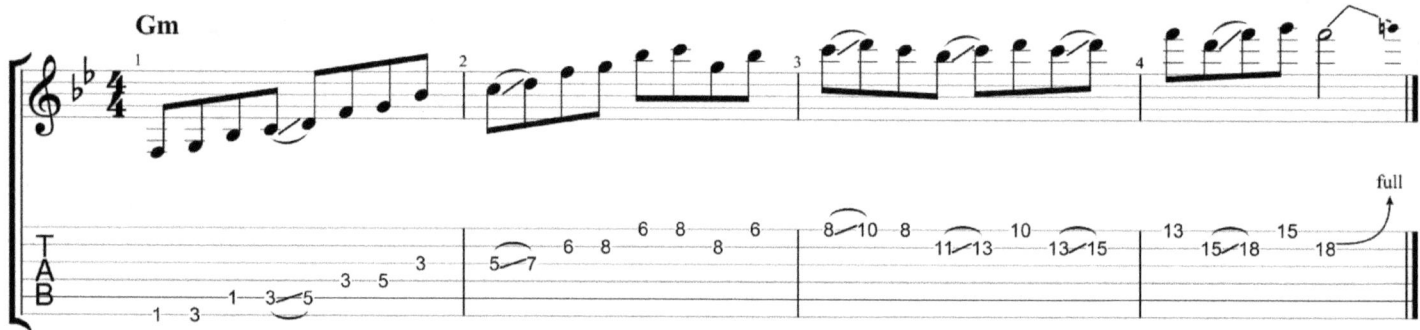

Beispiel 9f:

Beispiel 9g:

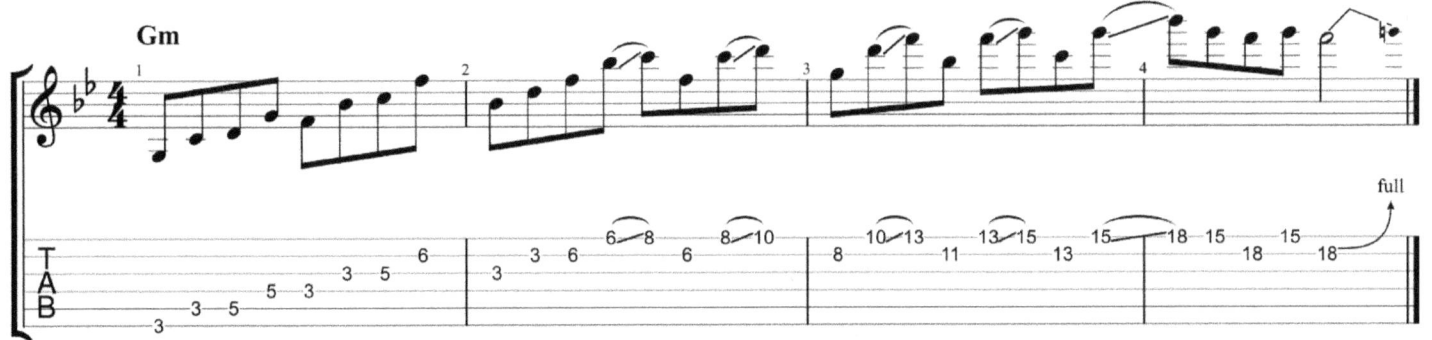

Beispiel 9h:

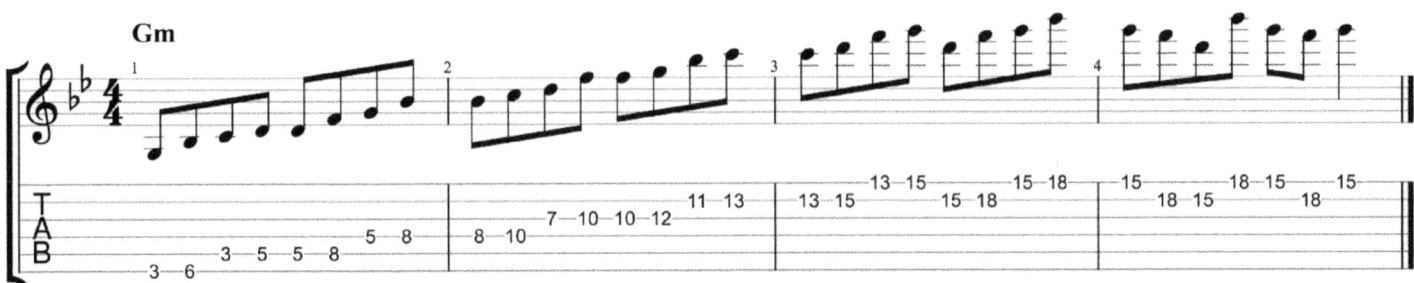

69

Und da haben wir es! Du verfügst nun über eine Menge Vokabular, das dir hilft, dich mit der pentatonischen Molltonleiter über das Griffbrett auf und ab zu bewegen. Wenn du alle Übungen in den vorangegangenen Kapiteln durchgearbeitet hast, hast du eine visuelle Karte entwickelt und kannst sehen, wie die Moll-Pentatonik über den Hals verläuft. Außerdem hast du eine Menge neuer Vokabeln gelernt, die du verwenden kannst, während du dich auf und ab bewegst.

Das ist aber noch nicht das Ende unserer Reise.

Nicht alle Musik steht in der Tonart G. Im nächsten Kapitel werde ich dir die Griffbrettdiagramme für einige andere wichtige Tonarten geben, die du kennen solltest.

Kapitel Zehn - Andere pentatonische Moll-Tonarten

Wir haben viel Zeit damit verbracht, die G-Moll-Pentatonik über den gesamten Hals zu studieren, aber in diesem kurzen Abschnitt werde ich dir die Griffbrettdiagramme für drei andere wichtige pentatonische Moll-Skalen geben, die du kennen solltest.

Das Wichtigste ist, dass die Formen der Moll-Pentatonik in jeder Tonart *identisch* sind - sie werden nur *an einen neuen Ausgangspunkt verschoben*. Tonleitern können auf dem Hals auf und ab bewegt werden, genau wie Barré-Akkorde.

Hier ist zum Beispiel die G-Moll-Pentatonik:

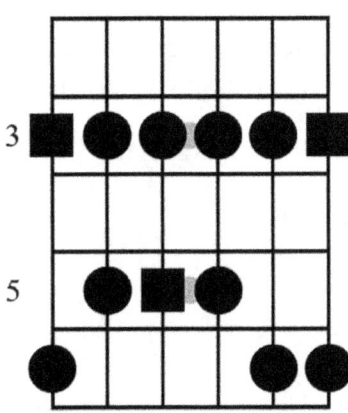

Und hier ist die Bb-Moll-Pentatonik:

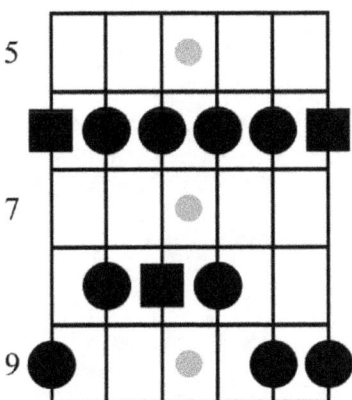

Wie du siehst, enthalten beide Skalen unterschiedliche Noten, weil sie an einer anderen Stelle beginnen, aber die Form der Skala ist identisch. Ein großer Vorteil der Gitarre ist, dass wir leicht in verschiedenen Tonarten spielen können, indem wir die Skalenformen am Hals auf und ab bewegen.

Deshalb ist es so wichtig, dass du lernst, wo sich die Grundtöne (die quadratischen Punkte) in jeder Skalenform befinden. Wenn du weißt, wo sich der Grundton der Tonleiter befindet, kannst du ihn einfach auf die gewünschte Note auf dem Griffbrett setzen und schon spielst du in der richtigen Tonart.

Wenn du dir nicht sicher bist, wo der Grundton jeder pentatonischen Moll-Tonleiterform liegt, solltest du nun in diesem Buch zurückblättern und nachschlagen.

Wenn du dir nicht sicher bist, wie die Noten auf dem Griffbrett heißen, empfehle ich dir mein Buch: *Lerne dein Griffbrett kennen: Alle Töne auf dem Griffbrett schnell und einfach auswendig lernen.*

Nachdem du nun weißt, dass du keine neuen Tonleiterformen lernen musst, sehen wir uns die Griffbrettkarten für die fünf pentatonischen Formen in anderen nützlichen Gitarrentonarten an.

Gehe für jede Tonart den Prozess durch, der in den bisherigen Kapiteln beschrieben wurde. Da du die Muster und Vokabeln aus den Kapiteln 1-5 bereits kennst, solltest du die Kapitel 6-8 für jede neue Tonart wiederholen. Versuche, dir die Noten einzuprägen und so schnell wie möglich nicht mehr auf die Karte angewiesen zu sein.

Lerne die folgenden Tonarten der Reihe nach. Sie sind aus einem bestimmten Grund so angeordnet.

Ich habe Form 1 in jeder Karte hervorgehoben, damit du dich besser orientieren kannst.

C-Moll-Pentatonik

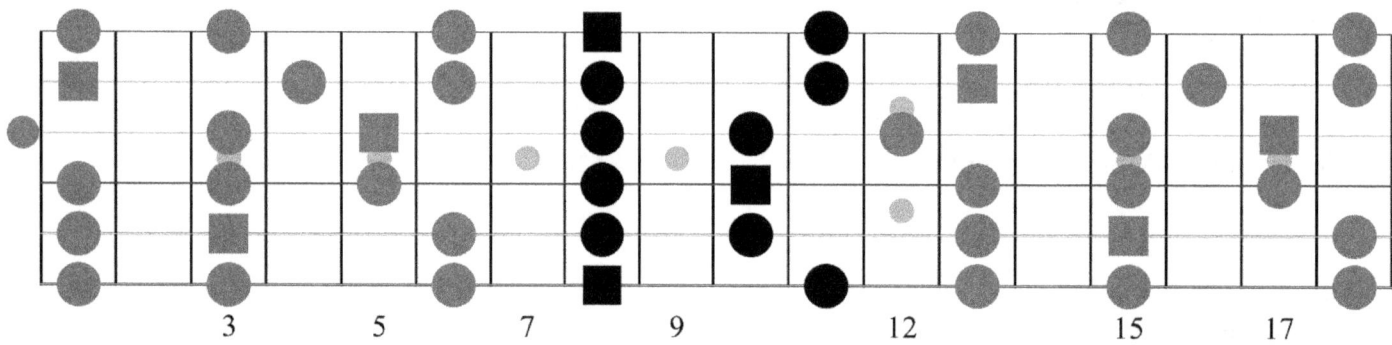

E-Moll-Pentatonik

Hast du bemerkt, dass alle offenen Saiten verfügbar sind? Nutze sie!

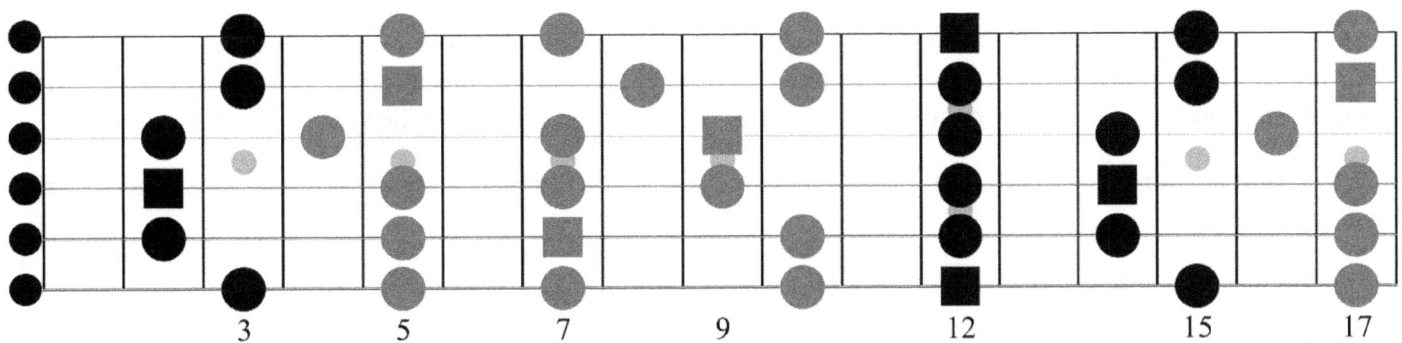

Bb-Moll-Pentatonik

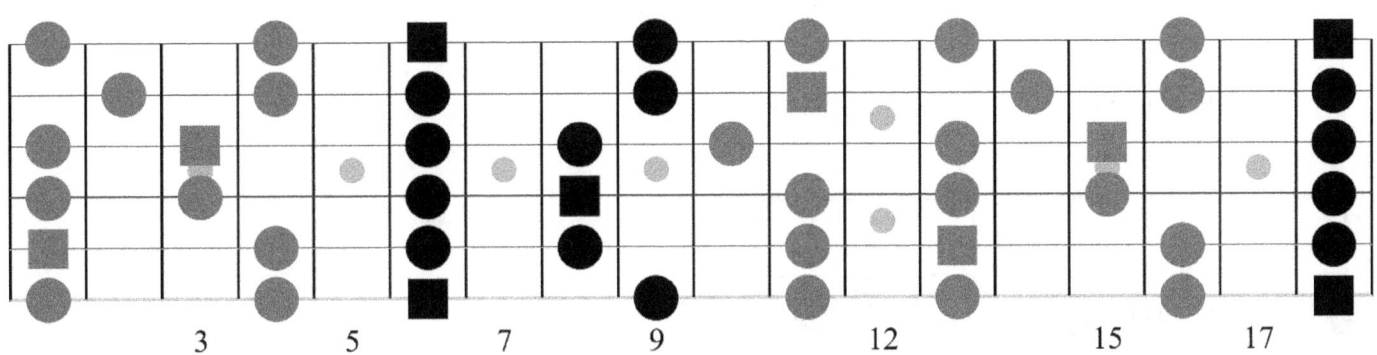

Elftes Kapitel - Von der Moll- zur Dur-Pentatonik

Ich denke, man kann mit Fug und Recht behaupten, dass wir in unserem Verständnis der pentatonischen Moll-Tonleiter einen weiten Weg zurückgelegt haben, und mittlerweile solltest du sie mit großer Freiheit über das gesamte Griffbrett spielen können.

In diesem letzten Kapitel möchte ich dir die Werkzeuge an die Hand geben, die du brauchst, um auch die pentatonische Dur-Tonleiter auf dem ganzen Hals zu spielen. Wenn du diesen einfachen Weg, von der Moll- zur Dur-Pentatonik zu wechseln, noch nicht kennst, wird dies dein musikalisches Leben verändern!

Zunächst möchte ich dir ein kleines Stück Theorie zeigen, das sich mit zwei Skalendiagrammen schnell verstehen lässt.

Vergleiche die Noten der *A-Moll*-Pentatonik und *C-Dur*-Pentatonik.

Die A-Moll-Pentatonik enthält die Noten A, C, D, E, G

Die C-Dur-Pentatonik enthält die Noten C, D, E, G, A

Fällt dir etwas auf?

Sieh, was passiert, wenn wir diese Noten auf dem Griffbrett anordnen.

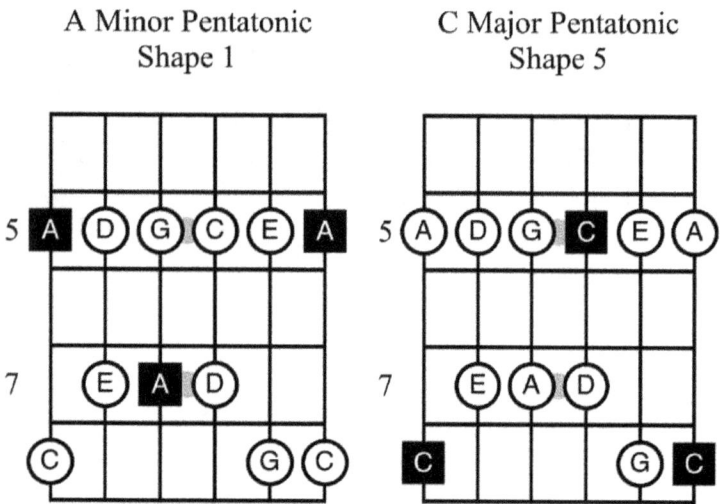

Ich habe die Grundtöne hervorgehoben, damit du die Skalentöne in den verschiedenen Tonarten sehen kannst, aber es ist leicht zu erkennen, dass die Noten der C-Dur-Pentatonik mit den Noten der A-Moll-Pentatonik *identisch* sind.

Die pentatonische Dur-Tonleiter klingt hell und fröhlich, während die pentatonische Moll-Tonleiter dunkel und bluesig klingt. Wir können diese beiden Klänge erzeugen, indem wir genau die gleichen Formen an verschiedenen Stellen des Griffbretts verwenden - wir müssen nur wissen, wie wir sie übertragen können.

Die Regel lautet: Um von der pentatonischen Moll-Tonleiter zur pentatonischen Dur-Tonleiter mit demselben Grundton zu wechseln, musst du die pentatonische Moll-Tonleiter drei Bünde nach unten verschieben.

Um zum Beispiel von der A-Moll-Pentatonik zur A-Dur-Pentatonik zu gelangen, verschiebst du die gesamte Form einfach um drei Bünde nach unten, etwa so:

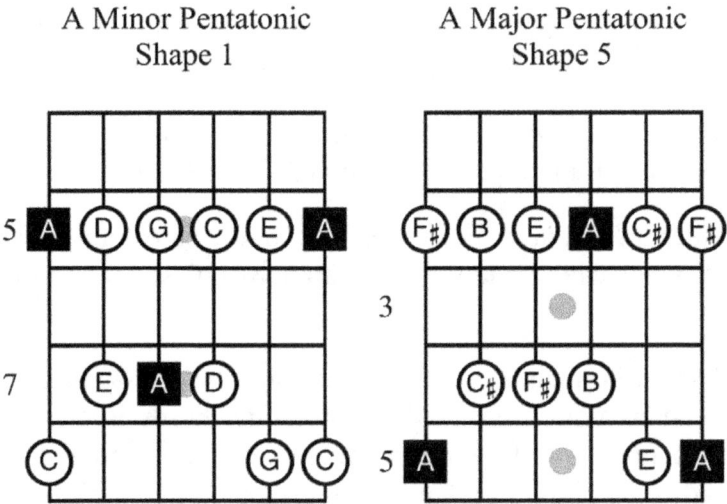

Es gibt eine Reihe von „Tricks", die Gitarristen anwenden, um sich dies zu merken. Einen mag ich nicht so sehr, und einer gefällt mir wirklich.

Wenn du dich in der Tonart A befindest, wie in den obigen Diagrammen dargestellt, und du A-Dur-Pentatonik-Licks spielen willst, kannst du *dir vorstellen,* dass du eine F#-Moll-Pentatonik-Skala spielst. Sieh dir die vorherigen Diagramme noch einmal an und du wirst sehen, warum. Die Noten der F#-Moll-Pentatonik sind identisch mit den Noten der A-Dur-Pentatonik (genau wie im obigen Beispiel von A-Moll und C-Dur).

Allerdings gefällt mir diese Methode aus zwei Gründen nicht *wirklich.*

Der erste ist, dass es einen zusätzlichen Schritt in meinem Denken bedeutet. Wenn ich ein Solo spiele, möchte ich nicht denken müssen: „Gut, jetzt ist es Zeit, die A-Dur-Pentatonik zu spielen. OK, das ist dasselbe wie F#-Moll-Pentatonik. Cool, los geht's!"

Ich würde lieber einfach lernen, wie man die A-Dur-Pentatonik richtig spielt, damit ich sie sofort abrufen kann, ohne all die mentale Gymnastik.

Zweitens neigt das Vokabular der Moll-Pentatonik dazu, sich etwas anders *aufzulösen* als das Vokabular der Dur-Pentatonik, da sich die starken „Stammtöne" an anderen Stellen in der Skalenform befinden. Wenn du dich nur darauf verlässt, F#-Moll-Pentatonik-Licks zu spielen, wirst du zwar gut klingen, aber oft lösen sich deine Licks nicht so auf, wie du es vielleicht erwartest, und klingen dann schwach.

F#-Moll-Pentatonik anstelle von A-Dur-Pentatonik zu denken, ist eine passable Abkürzung für den Anfang, aber gute Gitarristen denken normalerweise an A-Dur-Pentatonik. Es ist nicht so viel Arbeit, sie richtig zu lernen, also frage dich, was für ein Gitarrist du sein willst.

Es gibt aber noch einen anderen Trick, den ich sehr mag und der sehr nützlich ist, wenn man anfängt, pentatonische Dur-Tonleitern zu spielen.

Wenn du die pentatonische Tonleiter in *A-Moll* spielst, spiele die zweite Note (8. Bund auf der tiefen E-Saite) mit dem kleinen Finger. Um von A-Moll nach A-Dur zu wechseln, schiebe deinen kleinen Finger einfach drei Bünde nach unten, bis er sich auf dem 5. Bund befindet (Grundton A). Jetzt kannst du die A-Dur-Pentatonik „denken", indem du einfach deine Hand bewegst, und nicht, indem du an verschiedene Tonleitern denkst.

Wenn du dich fragst, warum ich mich so sehr bemühe, die Beziehung zwischen pentatonischen Dur- und Moll-Tonleitern zu beschreiben, dann liegt das daran, dass Gitarristen *ständig* zwischen ihnen hin- und herwechseln!

Wenn sie ein Solo über einen 12-taktigen Blues in der Tonart A spielen, beginnen viele Gitarristen mit pentatonischen A-Dur-Phrasen und wechseln dann im dritten Takt zu pentatonischen A-Moll-Phrasen.

Ich lehre dieses Konzept sehr detailliert in meinem Buch *Bluesgitarren-Solo für Anfänger*, da es ein großer Teil des melodischen Vokabulars der Bluesgitarre ist. Spieler wie Stevie Ray Vaughn haben diese Idee immer wieder verwendet.

Jetzt, da wir wissen, wie die Tonleitern zusammenhängen, können wir einige pentatonische Dur-Tonleitern auf dem Hals darstellen. Beginnen wir mit der G-Dur-Pentatonik, da du dich im Laufe dieses Buches an die G-Moll-Pentatonik gewöhnt hast, sodass du sehen kannst, wie die Patterns miteinander verbunden sind. Außerdem stehen alle offenen Saiten zur Verfügung, so dass du einige eingängige Open-String-Licks schreiben kannst.

Wichtig!

In den folgenden Diagrammen habe ich die Form 1 jeder pentatonischen Dur-Tonleiter hervorgehoben, um dir die Orientierung zu erleichtern. Bei der Nummerierung von Tonleitern wird die Nummer der Form jedoch aufgrund der Lage des Grundtons auf der tiefen E-Saite zugeordnet. Deshalb unterscheidet sich die Form 1 der Pentatonischen Dur-Tonleiter von der Form 1 der entsprechenden Pentatonischen Moll-Tonleiter.

Jetzt liegt es also an dir. Du weißt, wie du diese Tonleitern über den ganzen Hals hinweg lernen kannst. Du kennst die Formen und hast die Übungen bereits durchgespielt. Du kennst sogar alle Pfade, die zwischen den Formen auf- und absteigen.

Beginne mit dem Erlernen der pentatonischen G-Dur-Tonleiter.

Es ist sehr wichtig, dass du diese Noten in einem musikalischen Kontext lernst. Nimm dich selbst beim Spielen eines G-Dur-Akkords oder einer G-Dur-Progression auf und beginne, die G-Dur-Pentatonik auf und ab über das Griffbrett zu erkunden. Es gibt auch viele langsame Backing Tracks auf YouTube. Wenn du diese Töne *nicht* mit einem Backing Track lernst, wird es wahrscheinlich nur wie die pentatonische Moll-Tonleiter klingen, da du nicht daran gewöhnt bist, diese Formen für pentatonische Dur-Phrasen zu verwenden.

Füge Pedalton-Ideen auf den offenen Saiten hinzu und probiere die Licks für jede Position aus. Denke daran, dass du sie vielleicht anders auflösen willst, da sie jetzt aus Dur- und nicht aus Moll-Tonleitern stammen.

Der wichtigste Schritt ist, alle Grundtöne zu lernen. Wenn du das schaffst, wirst du dich nie wieder auf dem Griffbrett verirren.

G-Dur Pentatonik - Griffbrettkarte

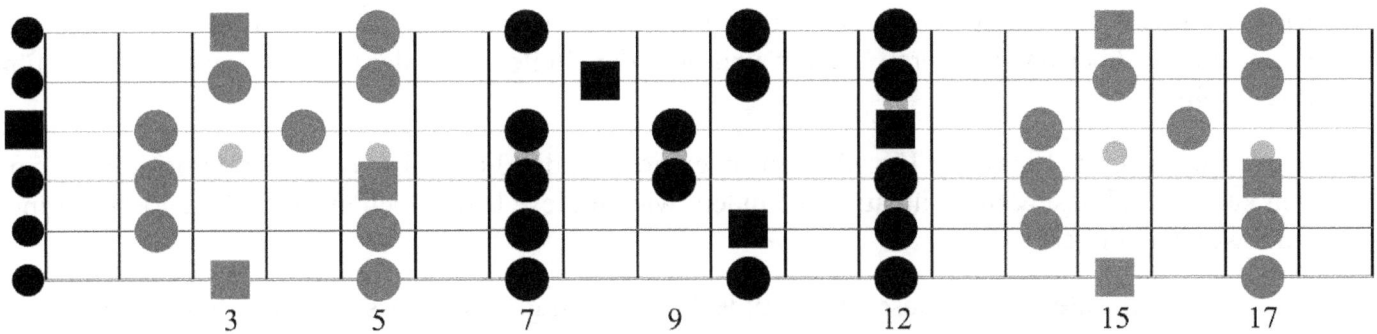

Wenn du fertig bist, nimm dich sich selbst auf, wie du einen E-Dur-Akkord oder eine E-Dur-Progression spielst (oder finde einen E-Dur-Backing-Track auf YouTube) und wiederhole den Vorgang für die E-Dur-Pentatonik-Skala.

E-Dur Pentatonik – Griffbrettkarte

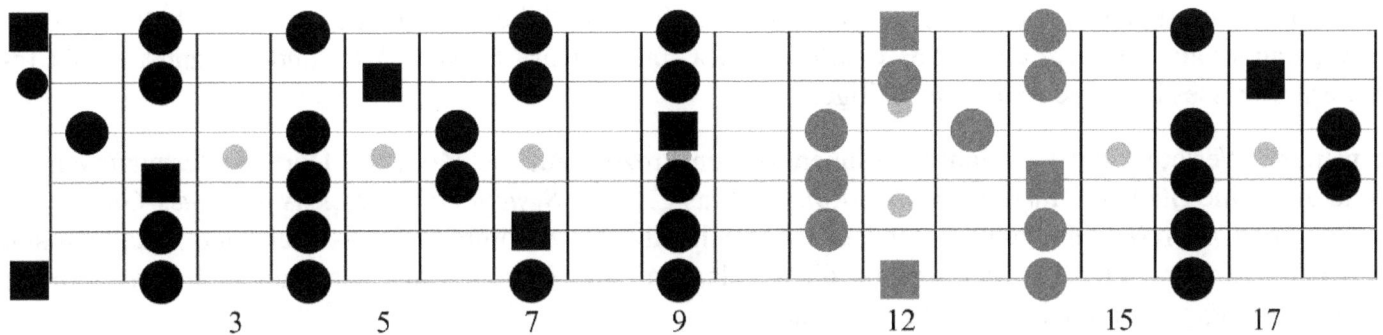

Fazit, Übungstipps und weiteres Studium

Wenn du dieses Buch durchgearbeitet hast, dann sollte sich dein Auge für das Griffbrett nach der Lektüre dieses Buches massiv verbessert haben. Du kannst jetzt die pentatonische Molltonleiter in verschiedenen Tonarten auf und ab über das Griffbrett spielen und an jeder Stelle des Halses nahtlos zwischen den fünf Formen wechseln.

Du hast wichtige Patterns, Licks und Einzelsaiten-Ideen gelernt, die du als Grundlage für deine eigenen Soli verwenden kannst, und hast darüber hinaus verstanden, wie all diese Ideen auch auf Dur-Pentatonik-Formen angewendet werden können.

Ein Fehler, den ich machte, als ich diese Ideen entdeckte, war zu glauben, dass ich alles in jeder Tonart auf einmal auswendig lernen müsste. Heute sage ich dir, *dass du das nicht tun musst*. Wenn man alles in jeder Tonart auf einmal lernt, ist man völlig überfordert und vergisst schnell etwas.

Stelle stattdessen sicher, dass du die pentatonischen Dur- und Moll-Tonleitern jedes Mal, wenn du einen Song lernst, auf dem gesamten Hals spielen kannst. Auf diese Weise lernst du die Tonleitern in einem musikalischen Kontext, weißt immer, wo die schönsten Noten sind, und hast bei jedem Song sofort etwas auf der Gitarre zu sagen. Es hat keinen Sinn, die C#-Dur-Pentatonik über den gesamten Hals zu lernen, wenn du sie nie spielen wirst. Wenn sie in einem neuen Stück auftaucht, das du gerade lernst, dann, und nur dann, ist es an der Zeit, sie zu beherrschen.

Du wirst feststellen, dass es einige Tonarten gibt, die viel beliebter sind als andere, vor allem, wenn der Song von einem Gitarristen geschrieben wurde. Du sollten auf jeden Fall die Tonarten kennen, die ich dir in diesem Buch genannt habe, also vor allem die Tonarten G, A, C und E-Dur / E-Moll. Alles andere kannst du als Teil des Lernprozesses bei neuen Songs bewältigen.

Im weiteren Verlauf kannst du damit beginnen, diesen Prozess auf die Modi der Durtonleiter anzuwenden. Schau dir meine Bücher *Gitarrenskalen im Kontext*, Das *CAGED System und 100 Licks for Blues-Gitarre* und *Rock Guitar UnCAGED* an, um in diesen Bereichen schnell voranzukommen. Blues Licks und Vokabular sind die Grundlage des größten Teils der Sprache, die wir als Gitarristen sprechen, also schau dir auch *Bluesgitarren-Solo für Anfänger* an, falls du es noch nicht getan hast.

Denke vor allem daran, dass es immer darum geht, Musik zu lernen. Tonleitern und das Beherrschen des Griffbretts sind sehr wichtig, aber letzten Endes wirst du sie im Kontext von Songs lernen und du wirst schnell verstehen, worauf du dich konzentrieren musst, um besser zu werden.

Viel Spaß und genieße es, mit deiner neu gewonnenen Freiheit auf der Gitarre zu rocken.

Joseph.